IBIZA
Klettern

Rainer Klingner

rockdog

Für die Förderung des Klettersports in der schönen Natur von Ibiza.

2008 war die 1.Veröffentlichung dieses Kletterführers von Ibiza. Da viele neue Klettergebiete und Routen dazu kamen, hier eine Überarbeitung und Aktualisierung.

Ein herzliches Dankeschön an die vielen Kletterfreunde von Ibiza für ihre Unterstützung und natürlich auch ein Dankeschön an alle unsere Klettergäste, welche uns in den letzten Jahren besuchten. Ich hoffe, dass mit Hilfe dieses Kletterführers das Freiklettern auf Ibiza noch bekannter wird.

Die meisten Kletterrouten auf der Insel wurden aus privater Hand neu eingebohrt oder renoviert. Dies ist eine äußerst zeit- und kostenintensive Tätigkeit. Zur Information gebe ich deshalb bei einigen Kletterwänden die Kosten dafür an. Spenden sind aus diesem Grund immer sehr willkommen. Zur Kontaktaufnahme und für mehr Infos gehen Sie bitte auf www.ibiza-klettern.de .

Rainer Klingner

Penyal de Aguila, Sektor Faders

Ibiza -

die Perle der Baleareninsel.

Ibiza bildet mit Formentera, Mallorca und Menorca die Inselgruppe der Balearen. Darüber hinaus gibt es noch viele weiteren kleinen Inseln, die jedoch nicht bewohnt sind. Geographisch gesehen sind die Balearen eine Fortsetzung des Andalusischen Faltengebirges. Die beiden Inseln Ibiza und Formentera bilden die Pytiusen, aus dem griechischen Wort „Pinie" abgeleitet. Ibizas größte Länge beträgt 41 km, die größte Breite etwas 25 km. Die Küste ist 170 km lang und bietet wunderbare Felswände, die sich besonders gut zum Klettern eignen. Die Berge erreichen eine durchschnittliche Höhe von 300 bis 400 Meter. Der Höchste Punkt der Insel ist der Berg Atalaja mit einer Höhe von 475 Metern.

Ibiza Stadt, Hauptstadt der Pytiusen, wurde vor 2600 Jahren von den Phöniziern gegründet, hat eine sehr aufregende, antike Geschichte, was sich auch in der Altstadt Dalt Vila, die 1585 erbaut wurde, widerspiegelt und deshalb zu recht 1999 zum Weltkulturerbe ernannt wurde. Die Bevölkerung hat sich weitgehend ihren ursprünglichen Charakter bewahrt. Sprache, Brauchtum, Trachten und Baustil zeigen die Eigenständigkeit der Inselkultur. In Ibiza Stadt, dem kulturellen, gesellschaftlichen und politischen Zentrum der Insel, leben derzeit knapp über 40.000 Menschen, das sind etwa ein Drittel der gesamten Inselbevölkerung. Auf Ibiza werden zwei Sprachen gesprochen. Zum einen Spanisch und zum anderen von den Einheimischen Ibicenco, ein Dialekt, der von der katalanischen Sprache abstammt.

Das frühlingshafte Klima, die unberührte Schönheit der Küste und Natur, das klare Meerwasser mit seinem Fischreichtum, sowie jene unkonventionelle und offene Atmosphäre, für die die Insel schon immer bekannt war, haben aus ihr ein bevorzugtes Reiseziel gemacht.

In den 60er Jahren waren es die Künstler, die Ibiza - in der einheimischen Sprache „ Eivissa " genannt - entdeckt. Danach kamen die Hippies und Anfang der 80er Jahre der stetige junge Touristenstrom, was der Insel ihren Wohlstand brachte. Die größten und bekanntesten Diskotheken Europas entstanden und gaben der Insel den Touch der Partyinsel. Kaum jemand beachtete in dieser Zeit die wunderschöne Natur außerhalb der Städte und Diskotheken.
Erst vor etwa zehn Jahren besann man sich seinen natürlichen Schätze und warb auch um den naturverbundenen Gast. Dies ist mitunter der Grund, warum zum Beispiel das Freiklettern auf Ibiza bisher nur wenig bekannt war, obwohl schon in den 70er Jahren die erste Kletterrouten erschlossen wurden. Das bereits erwähnte, milde Klima ermöglicht es, auf Ibiza das ganze Jahr über zu klettern. Die beste Zeit liegt zwischen September und Juni. Im Sommer kann es ziemlich heiß sein.

Alejandro in Ses Fontanelles

Ibiza die zweitkleinste der Balearen Inseln. In ca. 2 Stunden ist dieses Klettereldorado mit dem Flugzeug aus Deutschland zu erreichen. Mit der Fähre von Barcelona (10 Std) oder Denia (3 Std) kann man auch mit dem Auto nach Ibiza übersetzen. Es kann hier das ganze Jahr über geklettert werden, jedoch sind die Sommermonate oft sehr heiß. Die beste Zeit liegt zwischen Okt. - Juni. Es sind in den letzten 4 Jahren min. 6 Klettergebiete mit ca. 10 Sektoren dazu gekommen. So gibt es im Augenblick auf Ibiza ca. 20 gut ausgebaute Klettergebiete, mit ungefähr 600 Routen und die Möglichkeit von neuen Erschließungen ist noch lange nicht erschöpft. Die Routenlängen sind sehr unterschiedlich zwischen 10-160 Meter. Die Schwierigkeitsgrade liegen zwischen 4° - 8°, mit Schwerpunkt bei 6° - 7°. Fast alle Klettergebiete liegen in dem Gebiet Els Amunts in der Nähe von San Miguel und San Mateo wie - Punta Aubarca, Jolibut, Egagropilas, La Cueva, Penyal de Aguila (Sol y Sombra und Faders) Punta de Aguila (mit seinen 6 Sektoren) und Cap Creu. Es gibt dann noch Pared de Buda, in der Nähe von Cala d´Hort. Pared de Buda ist das größte Klettergebiet mit ca. 100 Routen, wo Ende 2004 viele Routen renoviert wurden. Ansonsten ist der Zustand der Haken in allen Klettergebieten recht gut. Alte Kletterrouten sollen nach und nach saniert werden. Alle neuen Gebiete sind meistens mit rostfreien Bolts ausgestattet. Der Fels ist Kalk, zum größten Teil sehr rau und geklettert wird meist an Leisten Rissen und Aufleger.

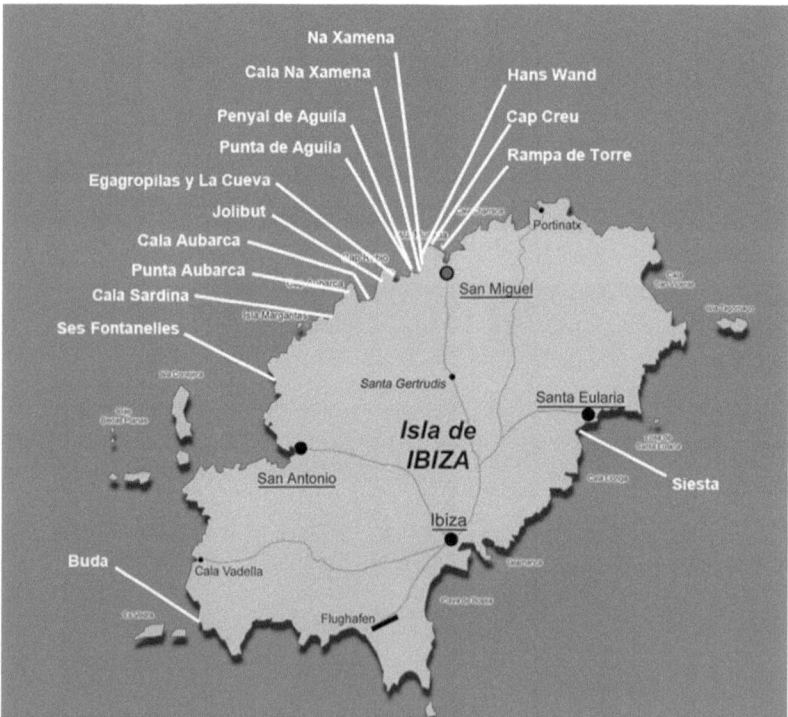

Es gibt einige wenige Kletterrouten direkt am Meer, wo man bei heißem Wetter die Kletterei mit einem kühlen Bad verbinden kann wie z.B. in Cap Creu, Sektor Faders, Rampa de Torre, Cala Na Xamena, Cala Aubarca (Stairway to Heaven) Siesta.

Wer zu den schwer erreichbaren Kletterwände direkt am Meer, wie z.B. Cap Creu, Cap Rubio oder Cap Aubarca, auf dem Wasserweg gelangen möchte, kann per Email nachfragen (www.ibiza-klettern.de).

Ausrüstung: Man sollte ein Seil von min. 60 Meter Länge und 15 Express mitbringen, so kann man fast alle Routen klettern. Friends und Keile sind meistens nicht notwendig, außer man möchte gerne bei Buda im Sektor Vidas oder einige alpinähnliche Kletterrouten klettern. Es wird dann aber auch darauf hingewiesen.

Unterkünfte: In den Sommermonaten findet man sehr viele Unterkunftsmöglichkeiten. Rund um die Insel gibt es viele Hotels, welche man über die verschiedenen Reiseveranstaltern buchen kann. Es bieten sich auch Finkas (Landhäuser) im Landesinnere an, welche aber in der Preisklasse etwas höher liegen. Möchte man etwas entfernt und ruhiger von dem Tourismusrummel wohnen, oder bevorzugt man die Wintermonate für seinen Urlaub, sollte man sich ein Appartement im Landesinneren suchen (siehe Werbung letzte Seite).
Es gibt einige Campingplätze in der Nähe von San Antonio und Santa Eulalia.
Mehr Info findest Du darüber im Internet.

Das wilde Campen ist verboten!

Das Feuer machen ist ab dem 1. Mai - Nov. strengstens verboten.

Einige Gebiete befinden sich auf privaten Gelände oder in Naturschutzgebieten. Informiert euch über eventuelle neue Regelungen. Verhaltet euch entsprechend mit Respekt der Natur und den Grundstücksbesitzern gegenüber. <u>Lasst keinen Müll liegen! Und falls nötig, verrichtet eure Notdurft nicht direkt an den Kletterwänden !!!!</u>

Wichtige Telefonnummern:

Notruf	General de Ibiza / Formentera	112
Feuerwehr	Bomberos Ibiza	112
Krankenhäuser	Can Misses	971397000
	Policlinica del Rosario	971301916
Krankenwagen	Ambulancia Insulares	061
	Can Misses	971191009
Polizei	Guardia Civil	062
	Policia local Ibiza	092
Scheckkarten Sperrung	Visa / Euro / Master Card	+496979331910
Flughafen	Aeropuerto	971809000
Taxi	Eivissa	971398483
	Santa Eulalia	971333033
	San Antonio	971340074
Konsulat	Deutschland	971707737

Robby und Gisi

In Cala Aubarca (El Arco)

INDICE

Rampa de Torre	Seite 10
Cap Creu	Seite 12
Hans Wand	Seite 14
Na Xamena	Seite 16
Cala Na Xamena	Seite 18
P.d.A. Sol/Sombra arriba	Seite 20
P.d A. Sol/Sombra abajo	Seite 22-24
P.d.A. Faders	Seite 26-28
Punta de Aguila	Seite 30-38
Egagropilas	Seite 40-51
La Cueva	Seite 52
Es Raco Fosc	Seite 54-57
Jolibut	Seite 58-63
La Cueva del Pez	Seite 64
La corona de Tossals	Seite 66-67
Los viones	Seite 68-72
Stairway to Heaven	Seite 73-75
Punta Aubarca	Seite 76-83
Cap Aubarca	Seite 84
Cala Sardina (Despiste)	Seite 86
Pared ses Torretes	Seite 88
Ses Fontanelles	Seite 90-95
Buda	Seite 96-109
Sektor Anfiteatro	Seite 110
Sektor Es Vedra	Seite 112
Siesta	Seite 114
Bouldern / D.s.w.soloing	Seite 115

Alejandro in Pachamama 7a+ / NaXamena

Rampa de Torre 39°05´16.70" N 1°25´58.26" E

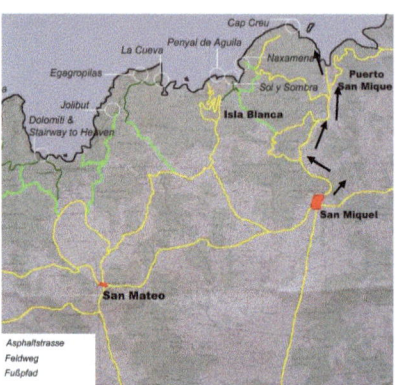

Zufahrt: Von San Miguel nach Puerto de San Miguel. 200m vor der Palmenallee links ab Richtung Naxamena Hotel Hacienda. Zwischen 1 - 2 Km geht ein Feldweg (Schild „Playa") rechts ab, welcher direkt zur Halbinsel „Isla de bosc" geht. Je nach Regenfälle ist der Feldweg ist mal gut und mal schlecht.
Zugang: An der Verbindung zur Halbinsel gleich links über große Felsbrocken am Wasser entlang. Wenn es etwas schwieriger wird, nach drei Sicherungshaken schauen, die diesen Übergang erleichtern. Weiter geht es über große Felsbrocken bis zur großen Schräge.
Vorsicht: teilweise loses Gestein - Helmpflicht, Steinschlag vermeiden! Abseilen kann man über die Route 8.
Allgemein: Dieses Gebiet wurde von Rainer ab 2009 eingebohrt. Die Route „Little nose" wurde 2011 von Rainer und Robby als Trainingsroute für einen Besuch in Yosemite eingebohrt. Von Alejandro ist „Futorama" und die Route 10. Gesamtkosten ca. 350 € !

   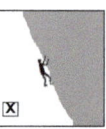 

Gehzeit: P → 5 / 20 min.

Routen total	10
3a - 6a+	4
6b - 7a+	6
7b - 7c+	
8a - 8b	
8b+ - 9a	
Projekte	

Kinderfreundlichkeit	
Spielen	Klettern
:)	:)
:|	:|
:(x	:(x

Beste Jahreszeit:		Sonnenschein	
Frühling	x	Nie	
Sommer	x	vormittags	x
Herbst	x	nachmittags	
Winter	x	ganzen Tag	

Name	Bolts	Level	Meter
1 - Walking Home 1	10	4	110m
2 - Walking Home 2	10	4	110m
3 - Sommertime	4	5a	20m
4 - is so !	4	5b	20m
5 - Punta Pala	5	6c	10m
6 - Saftarsch	5	6c	10m
7 - y You	4	5a	10m
8 - little nose (A2 6a obl.)	56	6c	100m
9 - Futorama	12	7c	100m
10 - ?	?	7b	100m

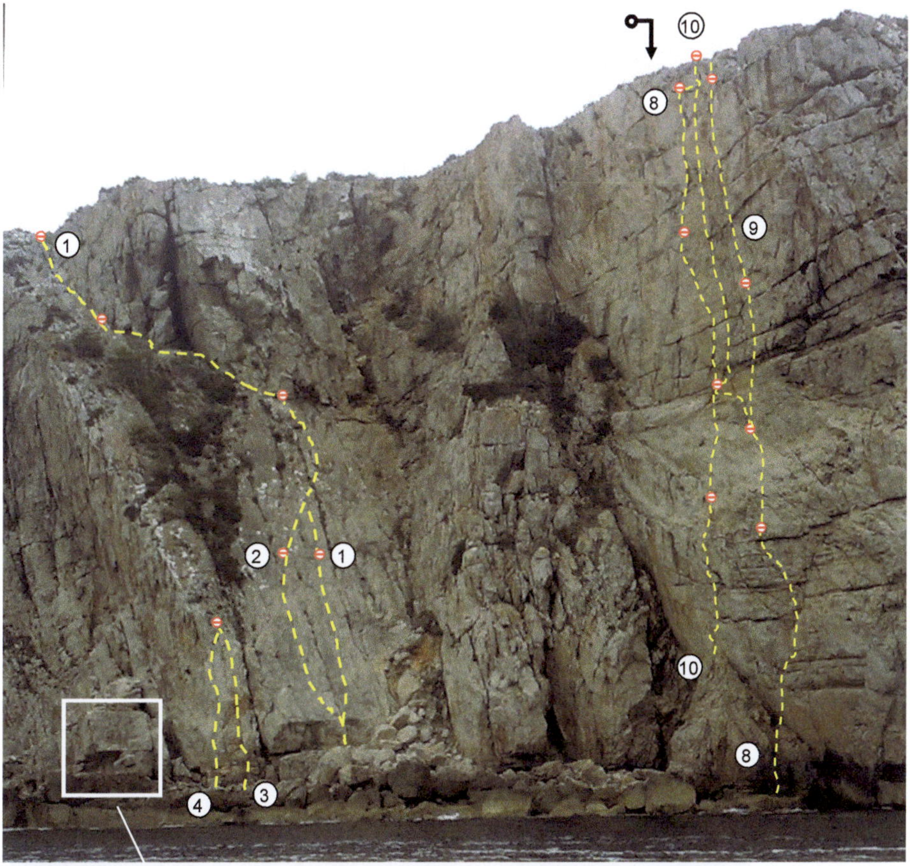

Cap Creu 39°05´30.78"N 1°25´38.65"E

Zufahrt: Von San Miguel nach Puerto de San Miguel. Ca. 300 Meter vor Puerto de San Miguel links abbiegen nach Na Xamena / Hotel Hazienda. Vor dem Hotel Hazienda rechts weiter den Berg hinauf - immer gerade aus durch die Urbanisation Na Xamena. Ziemlich am Ende der Urbanisation geht die asphaltierte Straße etwas bergab und durch einen kleinen Pinienwald. Am Ende der Straße erreicht man einen kleinen Platz, mit einer verfallenen Garage. Hier parken.

Zugang: Links neben der Garage den Pfad weitergehen. Immer auf dem Bergrücken über Felsen steigen (Steinmännchen / blauer Punkt). Es geht wieder etwas bergab und je nachdem welche Routen man klettern möchte, muss man sich auf dem Bergrücken mehr links oder rechts halten und abseilen. Man kommt an die Wandbasis auch mit einem Boot von Puerto San Miguel aus. Die Wand schaut nach Nordosten, so das die Sonne nur morgens dort scheint.

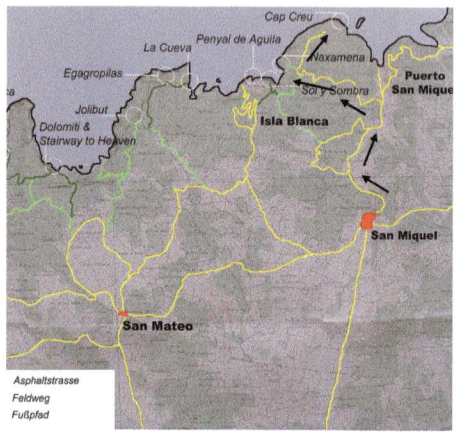

Allgemein: Die Routen wurden zwischen 2005/2012 von Alejandro & Rainer erschlossen. Kosten ca. 800 €! Die Seillängen der Routen 1,2,3 sind teilweise ca. 50m. Abseilen sollte man sich deshalb in den Routen 4+7. Die Standplätze liegen mehr oder weniger untereinander und sind nicht weiter als 30m auseinander. Die Verbindung zwischen Schmiedelino und Cielo y Infierno kann man nutzen wenn der Riss in der 5. SL von Cielo y Infierno zu nass ist. Blaue Linie ist begehbar o. S. SEHR SCHÖNES KLETTERN ! 2014 wurde am Beginn der letzten Seillänge in Schmiedelino ein Wandbuch eingerichtet.

Gehzeit: P → 10min.	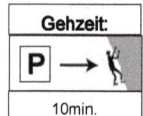 x	 x	 x	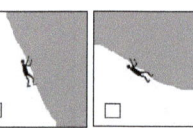 □	Routen total	8
					3a - 6a+	2
					6b - 7a+	5
					7b - 7c+	1
					8a - 8b	
					8b+ - 9a	
					Projekte	

Kinderfreundlichkeit	
Spielen	Klettern
☺	☺
😐	😐
☹ x	☹ x

Beste Jahreszeit:	Sonnenschein	
Frühling	x	Nie	
Sommer	x	vormittags	x
Herbst		nachmittags	
Winter	x	ganzen Tag	

Name		Bolts	Level	Meter
1 - Pellegrino-Klingner	L1-7a = 50m;L2-7b = 50m	Ca. 25	7b	100m
2 - 112	L1-7a = 50m;L2-7a+ = 50m	Ca. 25	7a+	100m
3 - Adrenalina en el Pantalòn	L1-7a = 50m;L5-7a+ = 50m	Ca. 25	7a+	100m
4 - Schmiedelino L1-5b; L2-5b; L3-5b; L4-5a; L5-5c; L6-5a :-)		Ca. 40	5c	140m
5 - cielo y infierno L1/2-4+; L3-5b; L4-6a; L5-6b; L6-5b (40m !!) :-)		Ca.35	6b	140m
6 - tote Möwe		4	5b	10m
7 - Confianza y Tecnica 6SL 5a/6c+/6a/6b+/5c/5c :-)		Ca.35	6c+	120m
8 - Tecnica sin confianza 5 SL 5b/6a/6b+/5c/5c :-)		Ca.30	6b+	100m

Hans Wand 39°05´10.19" N 1°25´12.11" E

Zufahrt: Von San Miguel nach Puerto de San Miguel. Ca. 300 Meter vor Puerto de San Miguel links abbiegen nach Na Xamena / Hotel Hazienda. Vor dem Hotel Hazienda rechts weiter den Berg hinauf - immer gerade aus durch die Urbanisation Na Xamena. Am Ende der Urbanisation geht die asphaltierte Straße etwas bergab (hier Parken), hier links in den Feldweg nehmen.

Zugang (schwer zu finden): <u>Zu Fuß</u>: 100m vor dem ersten Haus auf der rechten Seite ,den gebohrten oder roten Pfeilen und Steinmännchen durch Wald über Fels folgen. Klettern im 4. Schwierigkeitsgrad, mit einigen Sicherungen. Man erreicht den Umlenker von „Entrada/Salida" und seilt sich die letzten 20m ab.

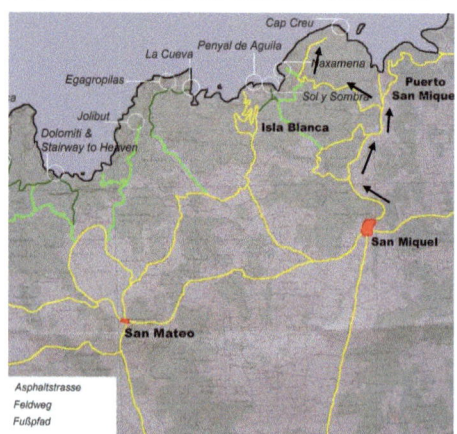

<u>Zum Abseilen</u>: Nach dem zweiten Haus auf der rechten Seite, am Ende der Mauer um die Hecke herum, hinuntersteigen. Über Felsen und zwischen Sträuchern zur Wandkante gehen (Steinmännchen).

Vorsicht: Helmpflicht! Die Stände sind in 25/30m Abstände gebohrt.

Gehzeit:
P → 20 min.

x	x		
☐	☐	☐	☐

Routen total	2
3a - 6a+	1
6b - 7a+	1
7b - 7c+	
8a - 8b	
8b+ - 9a	
Projekte	

Kinderfreundlichkeit	
Spielen	Klettern
☺	☺
😐	😐
☹ x	☹ x

Beste Jahreszeit:		Sonnenschein	
Frühling	x	Nie	
Sommer		vormittags	
Herbst	x	nachmittags	X
Winter	x	ganzen Tag	

	Name	Bolts	Level	Meter
1 -	El vuelo de la gafa (sehr schöne Route) :-)	Ca 50	6b	150m
2 -	Entrada/Salida	8	5+	30m

Hans Wand

Allgemein: Die Routen wurden von Rainer Klingner, Alejandro Pelegrino und Gerhard Knoll 2009/10 eingebohrt. Kosten ca. 200 € !
Man kann sich an ruhigen Tagen auch mit dem Boot über das Meer zum Wandfuss bringen lassen. 2014 wurde ein Wandbuch am 4. Stand eingerichtet. Die Sonne scheint ab ca 13 Uhr in die Wand.   SEHR SCHÖNES KLETTERN !

Na Xamena 39°04´45.88"N 1°25´04.55"E

Zufahrt: Von San Miguel in Richtung Puerto de San Miguel. Ca bei Kilometer 15 links abbiegen in Richtung Na Xamena / Hotel Hacienda. Den Berg hinauffahren bis 100m vor der Einfahrt zum Hotel Hacienda. Dort links abbiegen (hier parken), an den Müllcontainer vorbei und den nächsten Weg kreuzen. Vor dem Haus den Feldweg hinunter bis 50m vor der grünen Kläranlage des Hotels Hacienda.

Zugang zur Wandbasis:: Hier geht eine Treppe links weiter den Berg hinab. Je tiefer man kommt um so schlechter wird der Fußweg. Am Wasser rechts über Felsen zur Wandbasis (siehe Foto-blaue Linie).

Allgemein: Die Wand schaut nach Südwesten. In den Sommermonaten ist es hier nur vormittags möglich zu klettern. Ab 12 Uhr ist es zu heiß. Dagegen ist es in den Wintermonaten herrlich, nahezu den ganzen Tag in der Sonne klettern zu können. Die Routen wurden von Pipeta / Rainer / Ximo zwischen 2005-2007 erschlossen.

ACHTUNG: Die Wandbasis ist durch einen 10m tiefen Einschnitt geteilt, denn man durch abseilen und klettern (5c mit Haken) überwinden muss. Die 2. Seillänge von Pachamama hat 33 Meter.
Bei „Latox" sind die Stände gebohrt. Die ersten 3 Seillängen sind ohne Sicherungen, benötigtes Material kl. und mittlere Friends.
Wenn man die Routen oben verlassen möchte, nur der Natursteinmauer folgen.

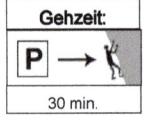    

Kinderfreundlichkeit			
Spielen		Klettern	
☺		☺	
😐		😐	
☹	x	☹	x

Beste Jahreszeit:		Sonnenschein	
Frühling	x	Nie	
Sommer		vormittags	
Herbst	x	nachmittags	x
Winter	x	ganzen Tag	

Routen total	6
3a - 6a+	
6b - 7a+	6
7b - 7c+	
8a - 8b	
8b+ - 9a	
Projekte	

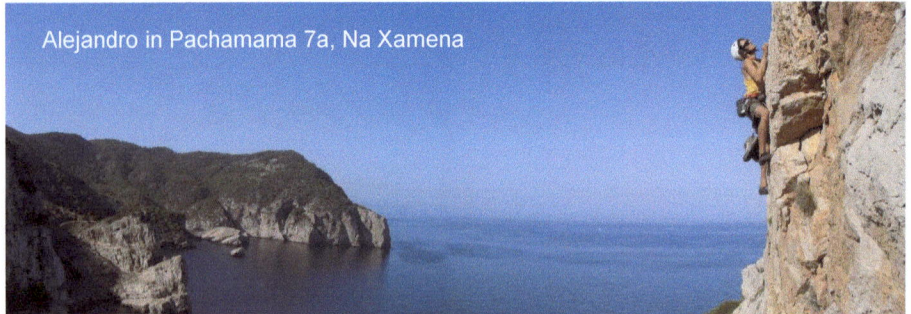

Alejandro in Pachamama 7a, Na Xamena

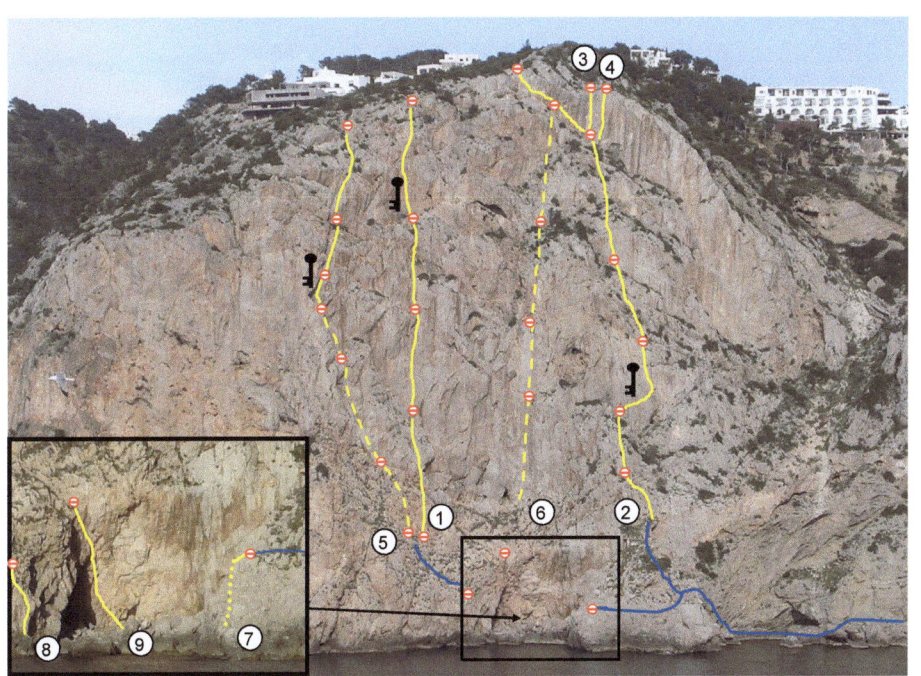

Name	Bolts	Level	Meter
1 - Pachamama 4 SL 5c/6c/6a/7a	Ca.30	7a	120m
2 - Vuelta Hacienda 6 SL 5a/5a/6b/5a/5b/5a	Ca.30	6b	140m
3 - Mujer puerpera	7	7a	15m
4 - Rey momo	7	7a+	15m
5 - Latox 3SL o.S. 5a/5c/5a Friends mittl. Größe 3SL m.S. 6b (A1-5c)/5b/5c	ca. 30	6b	120m
6 - Relájate que estás en el campo 6b-6b+-6a-6a-5+ 1 Satz Basiccam, 1,5 Satz Totemcam, Friends 2+3	o.S. Stände ja !	6b+	140m
7 - Platero ...	4	5a	15m
8 - ...y yo	4	5b	10m
9 - los tres Mosqueteros	9	6b	20m

Cala Na Xamena 39°04´45.88"N 1°25´04.55"E

Zufahrt: Von San Miguel in Richtung Puerto de San Miguel. Ca bei Kilometer 15 links abbiegen in Richtung Na Xamena / Hotel Hacienda. Den Berg hinauffahren bis 100m vor der Einfahrt zum Hotel Hacienda. Dort links abbiegen (hier parken), an den Müllcontainer vorbei und den nächsten Weg kreuzen. Am Haus den Feldweg (Kies) hinunter bis 50m vor der grünen Kläranlage des Hotels Hacienda.

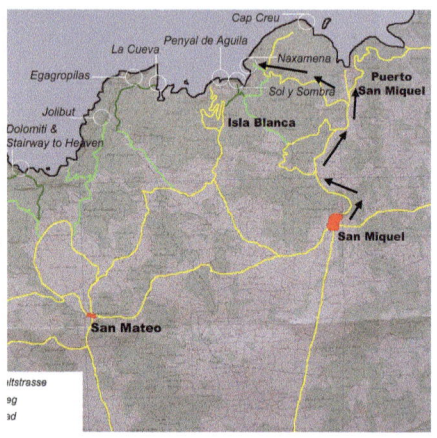

Zugang: Links sehen wir eine Steintreppe. Diese hinunter und den Pfad folgen bis man linker Hand die Kletterwand findet, ca 10m über dem Meer. Der Pfad ist teilweise durch Wasser weggespült.

Allgemein: Die Wand schaut nach Westen. In den Sommermonaten ist es hier nur vormittags möglich zu klettern. Nachmittags ist es zu heiß. Dagegen ist es in den Wintermonaten herrlich dort Nachmittags in der Sonne zu klettern. Eingebohrt ab 2012 von Sven und Rainer. Kosten ca. 260 €

Routen total	8
3a - 6a+	6
6b - 7a+	2
7b - 7c+	
8a - 8b	
8b+ - 9a	
Projekte	

Kinderfreundlichkeit			
Spielen		Klettern	
☺		☺	
😐		😐	
☹	x	☹	x

Beste Jahreszeit:		Sonnenschein	
Frühling	x	Nie	
Sommer	x	vormittags	
Herbst	x	nachmittags	x
Winter	x	ganzen Tag	

Linke Seite

Rechte Seite

Name	Bolts	Level	Meter
1 - Natacha nunca te veo	6	4c	20
2 - Espero a Teah	6	5a	20
3 - Hopplahopp	10	5b	25
4 - Naranjada :-)	15	5c	30
5 - La linea de Sven :-)	13	6b	30
6 - En recuerdo de Herbert :-)	12	6a	28
7 - Autsch 2 SL 5a / 6a	11	6a	28
8 - Sige la grieta :-)	12	6b	25

Penyal de Aguila   Sol y Sombra

39°04´35.26"N
1°24´46.82"E

Penyal de Aguila unterteilt sich in die Sektoren SOL und Sombra. Am Meer den Sektor Faders.
Zufahrt: Von San Miguel Richtung San Mateo und weiter nach San Mateo Nord, bzw Portixol. In Isla blanca direkt bei der Natursteinmauer (Müllcontainer) rechts ab und auf der asphaltierte Straße bergab, bis kurz vor einer scharfen Linkskurve im Wald ein Platz auf der rechten Seite zu sehen ist. Hier parken.
Zugang: einen Fußpfad, der hinter dem Platz beginnt, durch den Wald ca. 300 Meter folgen bis zu einem Wandabbruch. Hier (Bild) ist der Sektor SyS arriba. Man kann das Hotel Hacienda auf der anderen Seite der Bucht sehen. Geht man an der Wand landeinwärts, findet man den Weg zur Wandbasis. Richtung Westen, sehen wir etwas weiter unten eine Baumgruppe (Bild). Dahinter werden wir den Sektor SyS abajo mit ca 30 Routen finden.
Allgemein: An einige Umlenker kommt man auch gut von oben heran, so ist ein Klettern über Toprope möglich. Im Winter scheint bei „arriba" den ganzen Tag keine Sonne, „Abajo" dagegen liegt Nachmittags ab 14.00 Uhr im Sonnenschein. Im Sommer hat es „arriba" vormittags Sonne, im Sektor „abajo" ab ca. 13.00 Uhr.

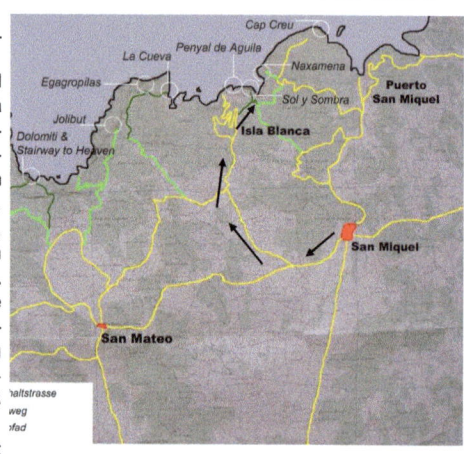

Gehzeit:				
P → 🧗 10 min.	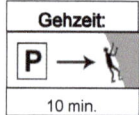 [X]	 [X]	 [X]	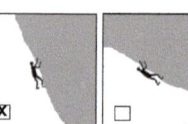 [ ]

Routen total	53
3a - 6a+	27
6b - 7a+	16
7b - 7c+	10
8a - 8b	
8b+ - 9a	
Projekte	

Kinderfreundlichkeit	
Spielen	Klettern
☺	☺
😐	😐 x
😞 x	😞

Beste Jahreszeit:		Sonnenschein	
Frühling	x	Nie	
Sommer	x	vormittags	x
Herbst	x	nachmittags	x
Winter	x	ganzen Tag	

abajo

arriba

Name	Bolts	Level	Meter
1 - Caratera de ormigas	5	7b+	20 m
2 - no puedo mas	5	7a	21 m
3 - vista Hacienda :-)	6	6b+	22 m

Sektor Sol y Sombra (arriba)

4 - Tiblock perdido	5	6a	20 m
5 -		7a+	17m
6 - Atraccion directa	8	7c+	17m
7 - Rosana	8	7c	17m
8 - Grieta Garbo	7	7b+	20m
9 -		7b	18m
10 - Abflug	8	7a	22m
11 -		7a+	17m
12 - Tronko 2.SL Sicherungen stark verrostet	?	8a+	25 m
13 - Paco Sicherungen stark verrostet	?	6a+	15 m
14 -holterdipolter	7	5c	25m
15 - Ondanarro	6	6a	15m
16 - Alikvenkano	6	6b	15m
17 - Las Trazas :-)	6	6a	16m
18 - y Hass	6	5c	16m
19 - Starks	6	5	16m
20 - Weiße Fee	5	6b	15m
21 - ? Kein Umlenker/Kette vorhanden	8	8?	22m

Sektor Sol y Sombra (abajo 4)

Name	Bolts	Level	Meter
1 - The other Side	8	6a	22 m
2 - Over the Rainbow :-)	9	5a	28 m
3 - solo para Lady	3	5a	12 m
4 - Fields of Gold	10	5c	28 m
5 - via cortante	10	5c	28 m
6 - die kleine Fee	8	5a/5c	15 m
7 - No hay rosas sin espinas	10	6a	25m

Die Route The other Side liegt hinter der Pinie rechts außerhalb vom Bild. Die Route 7 nicht mit freien Oberkörper klettern.

Sektor Sol y Sombra (abajo 3)

Name	Bolts	Level	Meter
1 - ?	7	6c	20 m
2 - ? :-)	6	6b	20 m
3 - saharawind	9	6a	20m
4 - el camino de Inka	8	5c	22 m
5 - Doctor triconio	10	6b+	22 m
6 - Ultramenia	8	6c+	22 m
7 - after the rain	8	5c	25 m
8 - Logo	3	5b	10m
9 - sangre en los manos	7	5c	21m

Die Routen 2,3 eignen sich gut zum Topropen, da von oben die Umlenker eingehängt werden können. Bei der Route 9 tut man sich leichter mit Tape über den Handrücken.

Sektor Sol y Sombra (abajo 2)

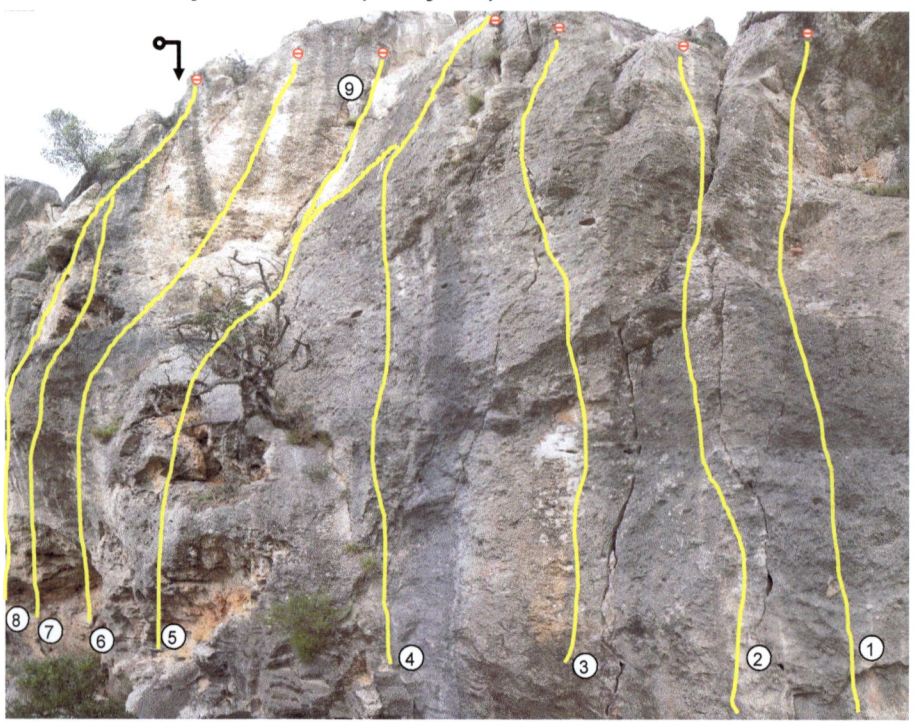

Name	Bolts	Level	Meter
1 - Enana Ibanez	7	6c	22m
2 - Volkar y Kemar :-)	6	6b+	22 m
3 - Boca negra :-)	8	6b	23 m
4 - Ke de ke	6	6a	20 m
5 - porque no	7	5c	20 m
6 - Nit de foc	8	6c+	22 m
7 - Butricia Sabater	7	6a	23 m
8 - te necesito :-)	8	5c	23m
9 - schnick - schnack - schnuck	8	5b	22m

Die Routen 7 und 8 eignen sich gut zum Topropen, da von oben der Umlenker problemlos erreicht werden kann.

Sektor Sol y Sombra (abajo1)

Name	Bolts	Level	Meter
1 - Gisi la primera	4	4a	20 m
2 - estoy feliz	4	4b	20 m
3 - Greisklasse	6	5a	20m
4 - Dolch	6	6c+	23m
5 - chacra line	5	7a+	22 m
6 - Indalo Codex	5	7a	22 m
7 - Atame	6	7a	22 m

Die Routen 1 + 2 eignen sich gut zum ablassen, da ein Ring oben angebracht ist. Gleich neben den Tau ist die Route "**Tauziehen 6a**" und 10m rechts daneben " **Irgendwas bleibt 6c**

Penyal de Aguila, Sektor Faders   39°04´39.66"N   1°24´46.21"E

Zufahrt: Von San Miguel in Richtung San Mateo, weiter nach San Mateo Nord, bzw. Portixol und dann nach Isla blanca. In Isla blanca angekommen, am Müllcontainerplatz den Weg rechts hinunter nehmen und dann immer bergab, Richtung Meer. Die Straße ist hier zeitweise sehr, sehr schlecht. Ohne Allrad sollte man das Auto rechtzeitig stehen lassen. Fast am Meer erreicht man einen kleinen Platz mit einer kleinen Ruine.

Zugang: Auf den Platz rechts den kleinen Weg weiter zum Meer hinunter. In der letzten Kurve bevor man zur Fischerhütte kommt, rechts über große Felsbrocken bis zum Wasser abklettern. Nun rechtshaltend und am Fixseil zum Sektor Faders queren.

Allgemein: Im Jahr 2005 wurde hier begonnen, neue (bis 120 m hoch) Kletterrouten einzurichten. Gut für Einsteiger, Genusskletterer. Auch gibt es etliche Boulder-möglichkeiten. Besonders in den Sommermonaten ist die Wand zu empfehlen, da sie den ganzen Vormittag bis 16.00 Uhr im Schatten liegt. Auch klettert man direkt am Wasser, so das ein kühles Bad jederzeit möglich ist.

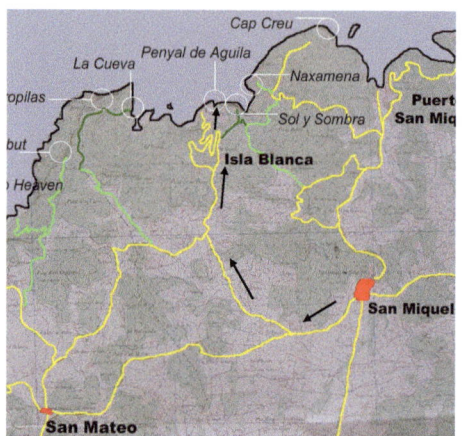

Gehzeit:
P → 🧗
30 min.

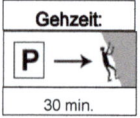 x    x   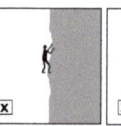 x    x

Kinderfreundlichkeit	
Spielen	Klettern
🙂	🙂
😐	😐 x
🙁 x	🙁

Beste Jahreszeit:		Sonnenschein	
Frühling	x	Nie	
Sommer	x	vormittags	
Herbst	x	nachmittags	x
Winter		ganzen Tag	

Routen total	30
3a - 6a+	16
6b - 7a+	10
7b - 7c+	2
8a - 8b	1
8b+ - 9a	
Projekte	1

Penyal de Aguila, Faders   Punta de Aguila

Sektor Faders Mehrseillängen

Name	Bolts	Level	Meter
20 - Sum L1-6c+, L2-6c, L3-6c, L4-6c, L5-6a+ :-)	?	6c+	120m
21 - Bea y la pela	8	5b	26m
26 - FarmacogloriaII	7	5c	22m
27 - no go home L1=5c L2=5c L3=5b L4=6a+ L5=6a L6=6c L7-6a+	+ ca 25	6c	120m

Zwischen 2005-8 wurde der Sektor von Pipeta, Rainer und Josua erschlossen.
Kosten ca. 1200 € !!
Die 5. Seillänge der Route Sum ist Steinschlag gefährdet. 2014 wurde die „no go home" durch Rainer & Sven renoviert und um 4 Seillängen erweitert.
Vor dem Übergang (rostfreies Drahtseil) zum Klettergebiet startet die Route „vamos a casa" 5b. Sie endet nahe bei „sol /sombra abajo".

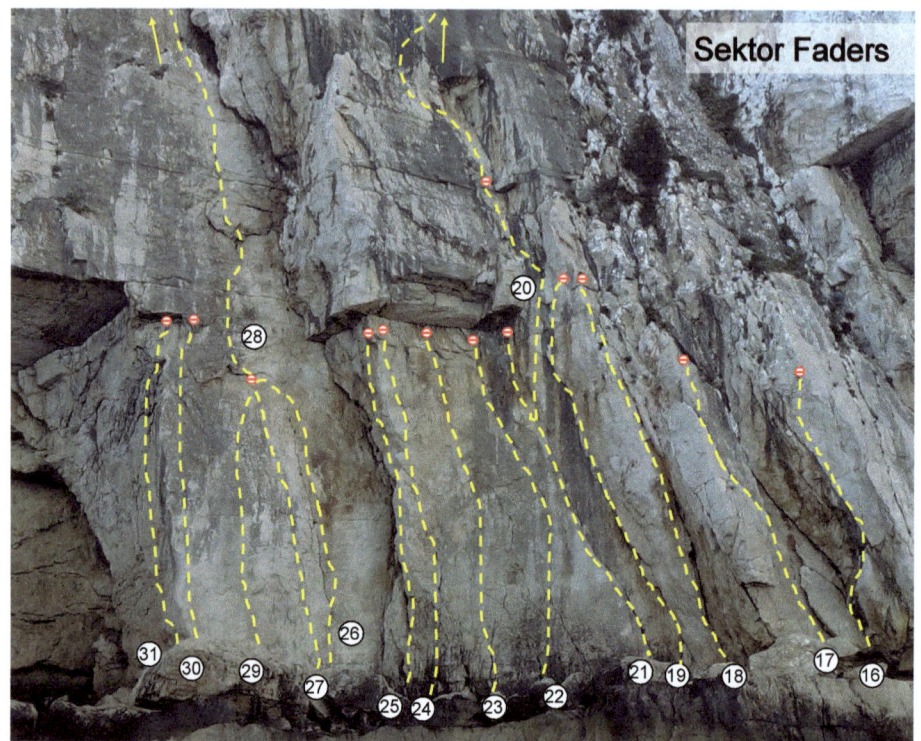

Sektor Faders

Name	Bolts	Level	Meter
17 - Greg el inventor	8	5a	25m
18 - húmedo o seco	10	6a	30m
19 - Piazentanz :-)	12	6b	30m
20 - Sum L1-6c+, L2-6c, L3-6c, L4-6c, L5-6a+ :-)	?	6c+	120m
21 - Bea y la pela	8	5b	26m
22 - Capitan Rainer	8	5a	26m
23 - Gloria a la cadena :-)	8	5c	26m
24 - Beto no fumis :-)	8	5b	26m
25 - Kenzie	10	6c	26m
26 - Kutlas	7	5a	22m
27 - FarmacogloriaII	7	5c	22m
28 - no go home L2=5c L3=5b L4=6a+ L5=6a L6=6c L7=6a+	+ ca 25	6c	100m
29 - Rosegons	7	6c	22m
30 - ??	11	7a	25m
31 - ??	11	6c	26m

Sektor Faders

Name	Bolts	Level	Meter
1 - la espada de damocles		7c?	28m
2 - soy Papa	?	8b?	30m
3 - Gifre shoa	8	5b	18m
4 - Mariu veterinaria	5	5a	10m
5 - ?	5	5c	10m
6 - Project			
7 - Lady extrem	11	6c	34m
8 - Este canto no se rompe	13	7a	28m
9 - Paren de Sikar	ca. 14	7b	28m
10 - paseo vertical 2 SL 5a / 7a	10	7a	25m
11 - die Knolls	8	5c	25m
12 - oder so ! (selbst sichern! Kl.+mittl. Friend)	O.S.	5b	25m
13 - Manolon / Knolls	+3	5c	26m
14 - Manolon	8	5a	26m
15 - Martirio Percutor	6	6b	20m
16 - Blancanieves	6	7a	20m

Punta de Aguila   39°04'36.86" N   1°24'36.96" E

Zufahrt: Von San Miguel in Richtung San Mateo, weiter nach San Mateo Nord, bzw. Portixol und dann nach Isla blanca. In Isla blanca angekommen, am Müllcontainerplatz recht und dann immer bergab Richtung Meer. Die Straße ist hier zeitweise sehr, sehr schlecht. Ohne Allrad sollte man das Auto rechtzeitig stehen lassen. Fast am Meer erreicht man einen kleinen Platz mit einer kleinen Ruine.

Zugang: Bei der Ruine, hinter der großen Pinie links den Pfad hinunter (Trittsicherheit ist hier nötig). Hier erreicht man zuerst dem Sektor Cazador. Geht man unterhalb des Sektors Cazador weiter hinunter bis 10m über dem Wasser (Abseilmöglichkeit: Haken unterhalb Peter Pan), kann man am Wandfuß direkt zu dem Sektor La Cueva de los Mayas. Auf der anderen Seite der Höhle erreicht man die rechte Seite von Nostalgia und die Route „Descanso". Über ein Fixseil gelangt man zu den Route „Nostalgia patagonia".

Zur linken Seite von Nostalgia geht man von der Pinie den Feldweg weiter Richtung Meer. Zuerst erreicht man den Sektor Pared roja. Etwas weiter hinunter und mehr rechts kann man zum Sektor Zona de calentamiento klettern. Dazwischen über einem V-förmigen Felseinschnitt geht's zum Sektor Tirolin. Dann bis zum Wasser klettern / abseilen und auf einem Felsvorsprung hinüber zum linken Sektor Nostalgia klettern.

Allgemeines: Es ist möglich den ganzen Felsen auf der Meerseite zu umklettern (rote Linie) Diese Sektoren sind nicht so bekannt, da hier verhindert werden soll, dass zu viele Kletterer dieses Gebiet besuchen. Es brühten hier verschiedene Falkenarten. Dank des schweren Zugangs wird dieses Gebiet schon natürlich geschützt. Bitte nur die gebohrten Routen klettern. Erschlossen ab 2005 von Rainer & Alejandro. Kosten ca. 1400 € !

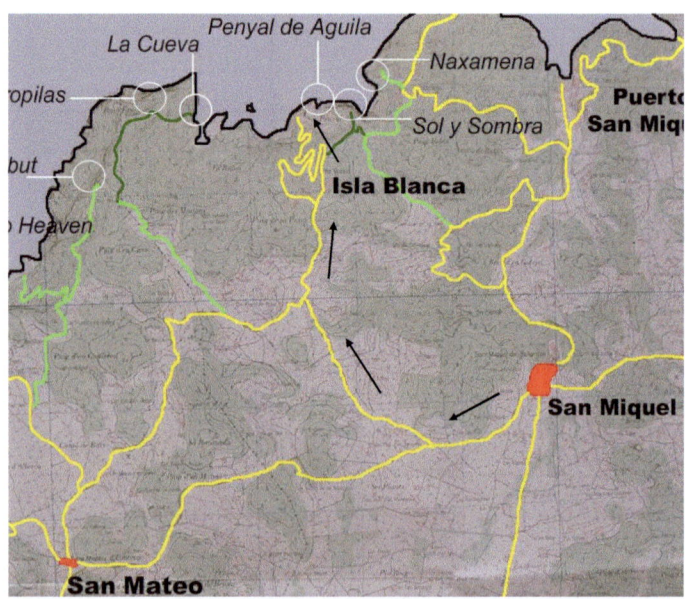

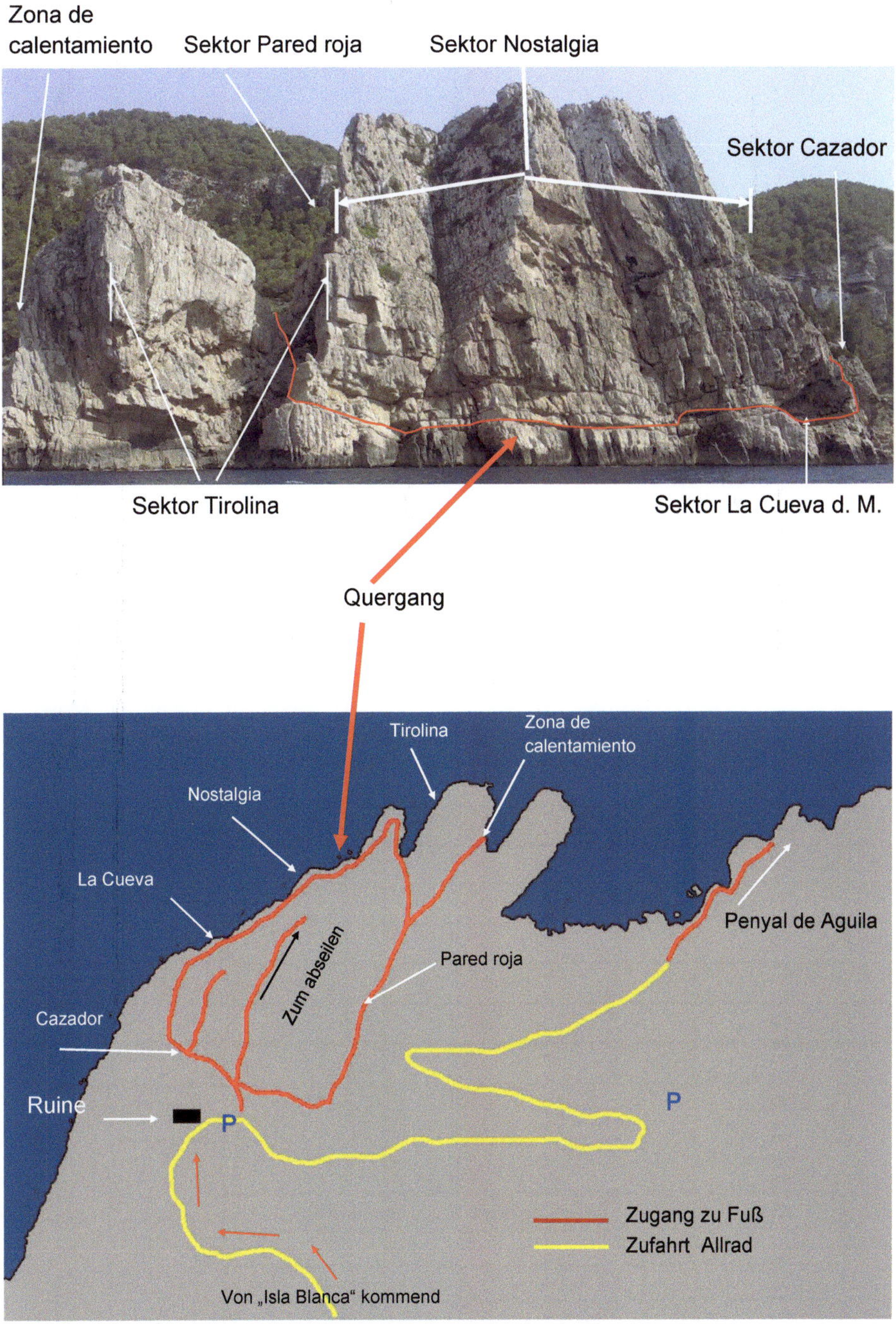

Zona de calentamiento — Sektor Pared roja — Sektor Nostalgia — Sektor Cazador

Sektor Tirolina — Sektor La Cueva d. M.

Quergang

Tirolina — Zona de calentamiento
Nostalgia
La Cueva
Zum abseilen
Pared roja
Penyal de Aguila
Cazador
Ruine — P
P
Von „Isla Blanca" kommend

— Zugang zu Fuß
— Zufahrt Allrad

31

Punta de Aguila Sektor: Pared roja

Name	Bolts	Level	Meter
1 - La trampa de paco		6c+	18m
2 - El desatascador		8a	17m
3 - Maltrato psicologico		?	17m
4 - Via de Josua		8b?	18m
5 - ?		?	18m
6 - ?		?	18m

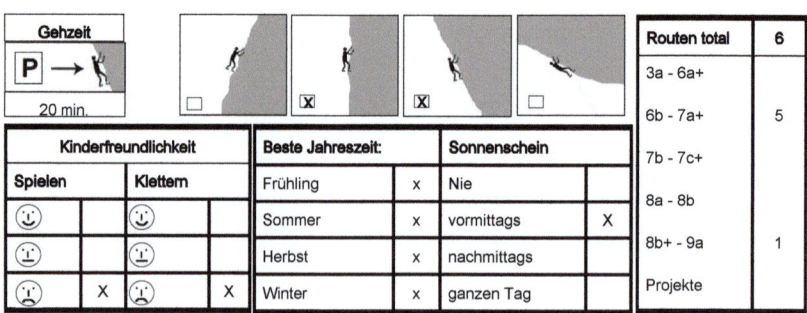

Gehzeit					
P → 🚶 20 min.	🧗 ☐	🧗 ☒	🧗 ☒	🧗 ☐	

Kinderfreundlichkeit				Beste Jahreszeit:		Sonnenschein	
Spielen		Klettern		Frühling	x	Nie	
☺		☺		Sommer	x	vormittags	X
😐		😐		Herbst	x	nachmittags	
☹	X	☹	X	Winter	x	ganzen Tag	

Routen total	6
3a - 6a+	5
6b - 7a+	
7b - 7c+	
8a - 8b	
8b+ - 9a	1
Projekte	

Punta de Aguila Sektor: Zona de calentamiento

Pared roja

Name	Bolts	Level	Meter
1 - Balto		5c	20m
2 - Conga		6a	26m
3 - Game started		6a	26m
4 - Game over		6c+	26m
5 - Hippy con iphone		7b	26m
6 - Enemigo gratuito		7b	26m
7 - Slack line		7a+/7b	26m

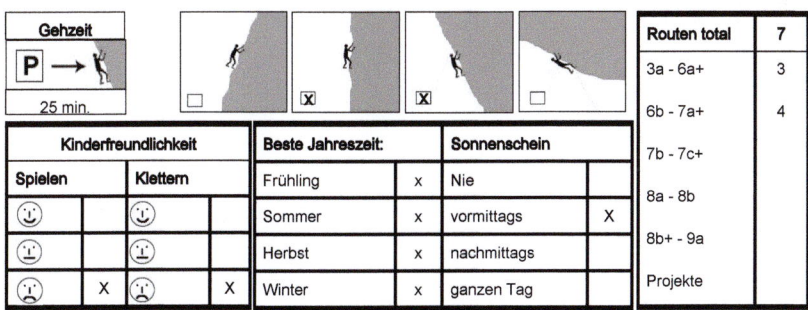

33

Alejandro & Danchu in „El vuelo de la gafa" 6b

Punta de Aguila Sektor: Tirolina

Name	Bolts	Level	Meter
1 - Queso suizo	8	5a	28m
2 - el martillo de nietzche	6	7a	15m
3 - svasta		7?	18m

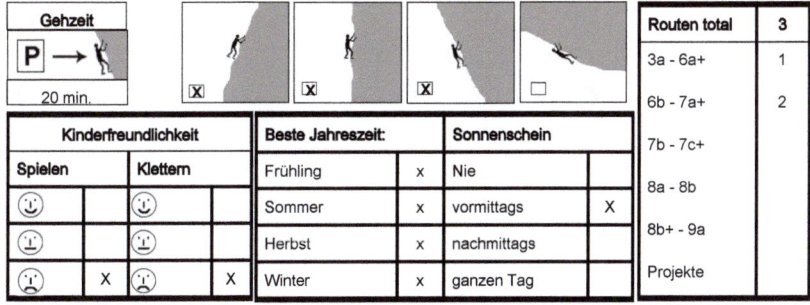

Punta de Aguila Sektor: Nostalgia

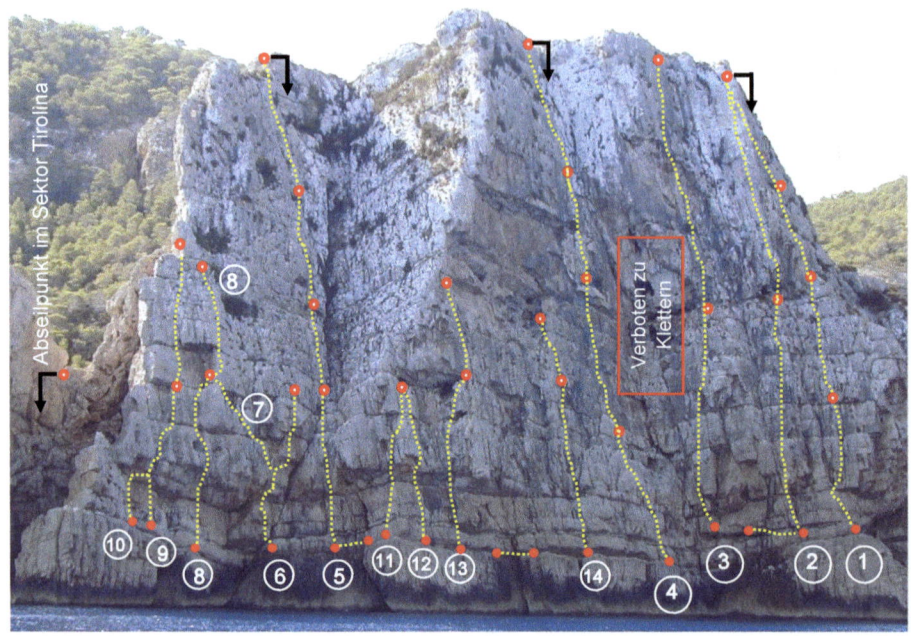

Name	Bolts	Level	Meter
1 - Descanso L1-5c, L2- 5b, L3-4c L4-4c :-)	25	5c	95m
2 - La hora magica L1-6a, L2-7a	ca.25	7a	95m
3 - Nostalgia patagónica L1- 6a, L2-7a+ (Ae 6b+)	ca.30	7a+	95m
4 - C.d.E.d.E. L1-4, L2-6a, L3-6a+, L4-5b :-)	36	6a+	100m
5 - Martillo de Thor 4 SL 5a, 5a, 5b, 5a,	ca.20	5b	100m
6 - wing chung	8	6c	27m
7 - Cancion de la gaviota	10	6a	28m
8 - Sangre en la via 2SL 5b / 6a :-)	10	5b/6a	45m
9 - Herwarth quäl dich 2SL 5c/6a+	10	5c/6a+	50m
10 - Retaline 2SL 5c/6a+	10	5c/6a+	50m
11 - Descanso de primavera	8	5b	28m
12 - DC SM	10	5c	28m
13 - con sentido comun 2 SL 5c/5b	16	5c	50m
14 - mejor que nunca o.S. !!!	0	5a	45m

Gehzeit						Routen total	13
P → 🧗 20 min.		X	X	X	☐	3a - 6a+	10
						6b - 7a+	3
Kinderfreundlichkeit			Beste Jahreszeit:		Sonnenschein	7b - 7c+	
Spielen		Klettern	Frühling	x	Nie	8a - 8b	
☺		☺	Sommer	x	vormittags	8b+ - 9a	
😐		😐	Herbst	x	nachmittags	x	Projekte	
☹	X	☹	X	Winter	x	ganzen Tag		

Über den Abseilpunkt im Sektor Tirolina klettert / abseilt man links zum Wasser hinunter. Dort kommt man auf einem Felsvorsprung zu den Kletterrouten „Retaline" und „Herwarth quäl dich". Es ist möglich den gesamten Felsen auf diesem Felsvorsprung zu umrunden.

Abseilen kann man sich über die Route „C.d.E.d.E.", „Descanso" oder „Martillo de Thor"

Alejandro in „Guerrero solar" 8a, Punta de Aguila

Punta de Aguila Sektor: Cazador

Zugang: Genau unterhalb der kleinen Ruine (sieh Zufahrt Sektor FADERS) befindet sich dieser Sektor.
Allgemein: Die Routen sind besonders für Beginner geeignet. Sie sind sehr einfach, aber trotzdem gut gesichert. . Eingebohrt 2007 von Rainer.

Name	Bolts	Level	Meter
1– Tobi or not Tobi	7	4c	28m
2 - Sabine on the rock	8	4c	28m
3 - Peter Pan	7	5a	30m
4 - Susi & Robby	7	4b	30m
5 - Las Tormentas	8	4b	30m

Gehzeit						Routen total	5
P → 20 min.	X	X	☐	☐		3a - 6a+	5
						6b - 7a+	
Kinderfreundlichkeit		Beste Jahreszeit:		Sonnenschein		7b - 7c+	
Spielen	Klettern	Frühling	x	Nie		8a - 8b	
☺		☺	Sommer	x	vormittags		
😐	x	😐	x	Herbst	x	nachmittags	x	8b+ - 9a	
☹		☹	Winter	x	ganzen Tag		Projekte	

Punta de Aguila   Sektor: La Cueva de los Mayas

Name	Bolts	Level	Meter
1 - guerrero solar		8a	25

Gehzeit
P → 🧗
20 min.

		X	X

Kinderfreundlichkeit		
Spielen		Klettern	
☺		☺	
😐		😐	
☹	X	☹	X

Beste Jahreszeit:		Sonnenschein	
Frühling	x	Nie	
Sommer	x	vormittags	
Herbst	x	nachmittags	x
Winter	x	ganzen Tag	

Routen total	1
3a - 6a+	
6b - 7a+	
7b - 7c+	
8a - 8b	1
8b+ - 9a	
Projekte	

Egagropilas   39°04´33.85"N   1°23´29.07"E

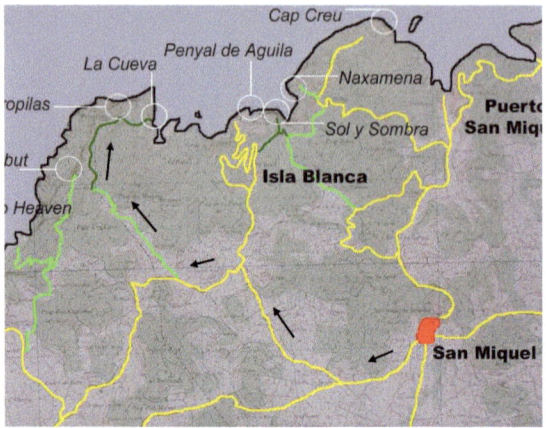

Zufahrt:
Von San Miguel aus Richtung San Mateo Nord. An Can Sulayetas (Bar mit kleinem Supermarkt) vorbei in Richtung San Mateo zu einem Abzweig (Bild 1). Dort nach rechts und dem Feldweg folgen bis dieser steil ansteigt und eine Kette sowie Schild "privado" eine Grundstückgrenze anzeigt (Bild 2). Hier etwas unterhalb parken, da der Weg später unbefahrbar wird.

Zugang: Den linken Weg weiter, an einem Haus und danach einem Hühnerstall vorbei, immer hinauf bis zu einem kleinen Platz. Hier kann man die Sektoren schon sehen (Bild 3). Weiter geht es den linken Weg hinauf (Bild 3). Oben angekommen, führt ein Pfad leicht bergab und man kommt zu einem felsigen Untergrund. Am Ende der Felsplatte auf den nicht einsehbaren Pfad (Steinmännchen) der in den Wald geht achten (Bild 4). Nun den Steinmännchen folgen, sie führen direkt zu den oberen / unteren Sektoren. Die schöne Natur, die Ruhe und Einsamkeit entschädigen den langen Weg.

Die tolle Aussicht von Egagropilas.

Allgemein:

Egagropilas hat ca. 55 Routen, mit einer durchschnittlichen Höhe von 13 Meter. Der Schwierigkeitsgrad liegt zwischen 4+ - 7+. Alle Routen sind gut mit Sicherungshaken versehen und **meist** (Vorsicht) auch im guten Zustand. Die Wände sind nach Südosten ausgerichtet. Das heißt in den Wintermonaten ist es dort zwischen 10.00 - 16.00 Uhr schön warm. In den Sommermonaten sollte man sich erst ab ca. 16.00 Uhr dort zum Klettern aufhalten.

Ab Ende 2012 habe ich begonnen die leichteren Routen zu sanieren.

Gehzeit:	
P → 🧗	
60 min.	

Kinderfreundlichkeit			
Spielen		Klettern	
🙂		🙂	
😐	x	😐	x
🙁		🙁	

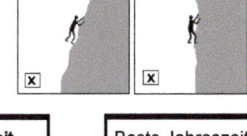

Beste Jahreszeit:		Sonnenschein	
Frühling	x	Nie	
Sommer		vormittags	x
Herbst	x	nachmittags	
Winter	x	ganzen Tag	

Routen total	55
3a - 6a+	32
6b - 7a+	19
7b - 7c+	4
8a - 8b	
8b+ - 9a	
Projekte	

Sektor Techo

Name	Bolts	Level	Meter
1 - la bestia del dia	4	7a	10m
2 - El dia de la bestia	5	7b	5 m

Stand 2012: Vorsicht bei beiden Routen sind die Haken schon sehr verrostet,

Sektor Pinototxo

Name	Bolts	Level	Meter
1 - Prima	4	6b	10m
2 - Sr. Wang	5	6c	10m
3 - Titanic	5	7c	9m
4 - Carpathia	5	6a	8m
5 - Fisurate tu	6	6a	12m
6 - Dulces	5	5c	10m
7 - La nuez verde	6	6b	12m

Die Pfeile kennzeichnen die Umlenker, die von oben zugänglich sind

Sektor Pinototxo

Name	Bolts	Level	Meter
8 - ?	?	?	10m
9 - Bancalet	4	6c	10m
10 - Renaisance	6	6c+	10m
11 - Hilo de Buda	6	6a	12m

Name	Bolts	Level	Meter
12 - Burrida de ratjada		6a+	10m
13 - Kakojana		6c+	10m
14 - El disputado		7c+	10m
15 - Puffi		4b	10m

Achtung: Stand 2012 - die Sicherungshaken der Routen 13 / 14 sind sehr verrostet.
„Puffi" wurde 2013 neu eingebohrt

Sektor Sulayetas

Name	Bolts	Level	Meter
1 - Con este pino no atino	?	7a	15m
2 - Delirium	?	6b+	12m
3 - cuerdade	5	5c	15m

Route 3 wurde 2013 neu eingebohrt

Sektor Sulayetas

Name	Bolts	Level	Meter
1 - Nada con tigo	6	5c	13m
2 - Nada sin ti	5	5c	13m
3 - Eres idiota	?	6c	10m
4 - Mejillones con queso	5	5+	10m
5 - Compania sentimental	?	6c+	13m

Route 1 wurde 2012 neu eingebohrt.
Route 2 / 4 wurde 2012 renoviert.

Sektor Sulayetas

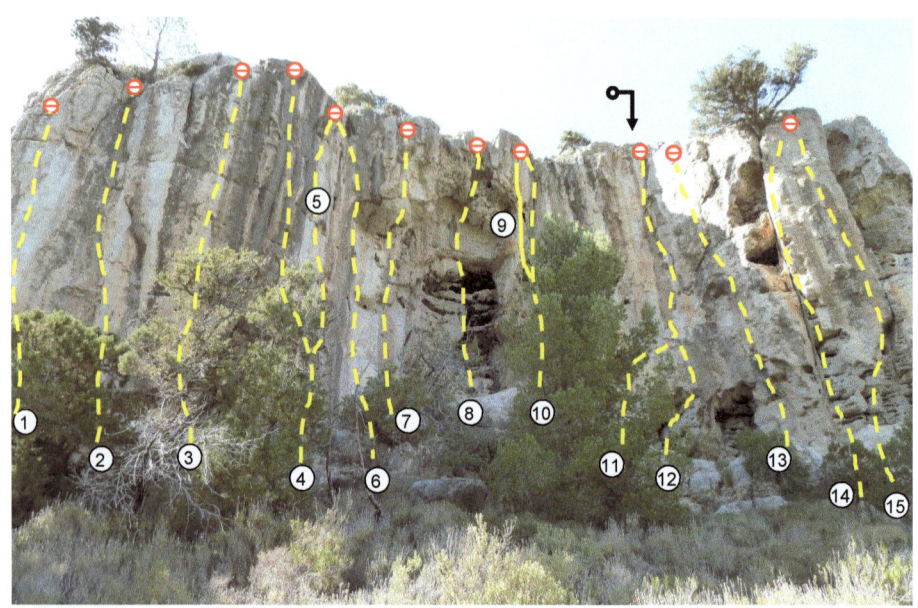

Name	Bolts	Level	Meter
1 - Cara perro	4	7c	8m
2 - Proyecto	4	6a	10m
3 - Zorratuta Nago	7	7b+	11m
4 - Cheyenne	6	7a	12m
5 - Malkoak	6	6c	12m
6 - Pais Dogon	6	6c	15m
7 - Corazon de trapo	4	6c+	9m
8 - Miquel Valansat	4	6b+	10m
9 - Eurition	6	6c+	12m
10 - Maite Zaitut	4	6a+	12m
11 - Variante de l.o.d.	6	5c	15m
12 - Interstellar over drive :-)	5	5c	15m
13 - Zazusa	5	6b+	15m
14 - Maximo volumen	?	6a	15m
15 - Juan flan	?	6b	15m

Die Routen 10/12/14 wurden 2012 renoviert

Sektor Sulayetas

Name	Bolts	Level	Meter
1 - Adelante principante	5	5c	13m
2 - nos vemos	5	5b	13m
3 - Hamburger Dirn	5	5a	12m
4 - Northman	5	5b	12m
5 - Skyfall	6	5c	12m

Die Route „Adelante principante" wurde 2012 erneuert.
Die Routen 2/3/4/5 wurden 2012 neu eingebohrt.

Sektor Ses Plakes

Name	Bolts	Level	Meter
1 - Muerte a los Plakeros	6	6a+	13m
2 - Absurd it is	7	5c	13m
3 - No excuse :-)	5	5b	15m
4 - Tico Tico :-)	6	5c	15m
5 - Eko	5	4c	10m
6 - Dominguez no pinguez	5	6a	12m
7 - ?	5	?	12m
8 - Pechiza city	4	6a+	11m
9 - Toni Yanitemiro	5	6a+	11m
10 - Mecagüenlacrisismulata	5	5b	11 m

Die Pfeile kennzeichnen die Umlenker, die von oben zugänglich sind.
Die Routen 4 / 5 / 6 wurden 2012 erneuert.

Sektor Sulayetas, Malkoak 6c

La Cueva 39°04´36.80"N 1°23´46.46"E

Zufahrt: Gleich wie zum Klettergebiet EGAGROPLILAS .

Zugang:
Gleich wie zum Sektor Ses Plakes (Egagropilas). Von dort rechts absteigen auf weglosem Gelände zu einer Gruppe Pinienbäume. Erst zwischen den Pinien findet man einen Fußweg, dem folgen bis man ein Steinmännchen am Wegesrand sieht. Hier dem teils undeutlichem Pfad (Steinmännchen) rechts den Berg hinunter, teilweise über Felsbrocken und das letzte Stück ziemlich steil hinab. Erst etwa 50 Meter über dem Meer befindet sich diese Unterhöhlung.

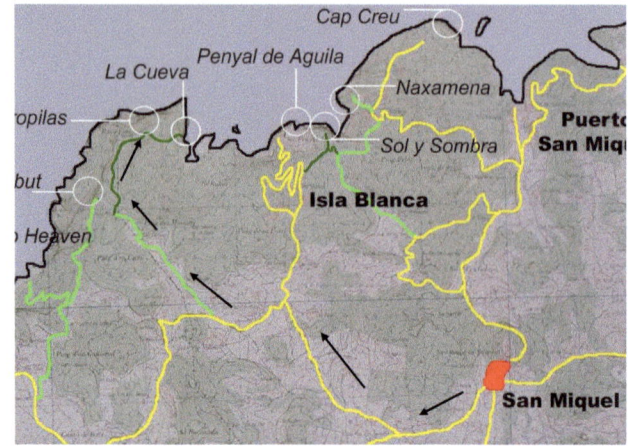

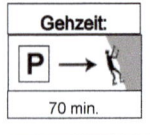   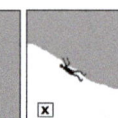

Gehzeit: 70 min.

Kinderfreundlichkeit	
Spielen	Klettern
☺	☺
😐	😐
☹ X	☹ X

Beste Jahreszeit:		Sonnenschein	
Frühling	X	Nie	
Sommer	X	vormittags	X
Herbst	X	nachmittags	
Winter		ganzen Tag	

Routen total	14
3a - 6a+	
6b - 7a+	4
7b - 7c+	6
8a - 8b	4
8b+ - 9a	
Projekte	

Allgemein: Im Winter scheint die Sonne hier fast gar nicht , im Sommer nur Vormittags.
Die Routen sind mit rostfreien Haken eingerichtet..
Die Routen 10, 11, 12 haben den selben Einstieg.
Route 9 startet im Überhang.
Die erste Sicherung in Route 4 ist einen Seilschlinge.

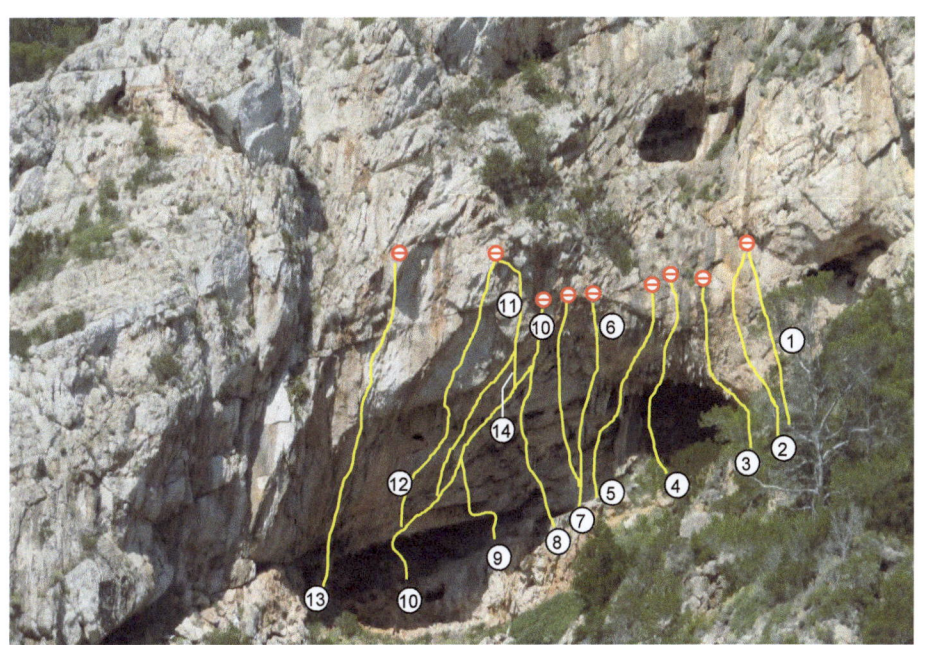

Name	Meter	Level	Bolts
1 - Xibeca	20 m	6c+	7
2 - Ris Ras	21 m	6c	8
3 - El silencio de los cordinos	19 m	7a+	5
4 - Crispita	15 m	7a+	7
5 - Aquelarre	12 m	7a+	7
6 - Los invasores	15 m	7b	7
7 - Action Man	15 m	7b	?
8 - Madre campo	15 m	7c	7
9 - Scratch comando	15 m	8a+	9
10 - Aromas de Archidona	25 m	7c+/8a	10
11 - Resoli	25 m	8b	9
12 - Palo	25 m	8b	?
13 - Los autenticos	25 m	7c	14
14 - Aromas - Resoli	25 m	8a+	9

Es Racó Fosc / La Rubia   39°04`39.78"N   1°23`14.50"O

Zufahrt: wie Egagropilas
Von San Miguel aus Richtung San Mateo Nord. An Can Sulayetas (Bar mit kleinem Supermarkt) vorbei in Richtung San Mateo zu einem Abzweig (Bild 1). Dort nach rechts und dem Feldweg folgen bis dieser steil ansteigt und eine Kette sowie Schild "privado" eine Grundstückgrenze anzeigt (Bild 2). Hier etwas unterhalb parken, da der Weg später unbefahrbar wird. Allrad können weiter bis Bild 3.

Zugang: Den linken Weg weiter, an einem Haus und danach einem Hühnerstall vorbei, immer hinauf bis zu einem kleinen Platz. Weiter geht es den linken Feldweg hinauf (Bild 3). Oben angekommen, führt ein Pfad leicht bergab und man kommt zu einem felsigen Untergrund. Am Ende der Felsplatte auf den nicht einsehbaren Pfad (Steinmännchen) der in den Wald geht achten (Bild 4). Nun den Pfad mit den Steinmännchen folgen bis man auf eine große Lichtung kommt. Hier liegt auf der linken Seite des Pfades ein Steinhaufen. Dort links hinauf und immer den Steinmännchen folgen durch den Wald. Nach den durchfurchten Steinplatten links halten. Nun geht es über mehrere Kehren durch den Wald hinunter bis zu einer Finca Ruine. An dieser Finca und der Steinmauer vorbei aus dem Wald hinaus. Wenn wir genau schauen sehen wir zwei Richtungen mit Steinmännchen. Geradeaus geht's zum Abseilpunkt oder Ende der Kletterroute. Links geht der Fußpfad (gelbe Linie im Foto) in die Kletterroute hinein (abseilen weniger 1 Seillänge) und zur kleineren Kletterwand „ La Rubia „

Gehzeit:						Routen total	1
P → 50 min.	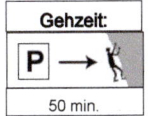 x	x	x	x		3a - 6a+	1
						6b - 7a+	

Kinderfreundlichkeit			Beste Jahreszeit:		Sonnenschein		7b - 7c+	
Spielen		Klettern		Frühling	x	Nie		8a - 8b
☺		☺		Sommer		vormittags		8b+ - 9a
😐		😐		Herbst	x	nachmittags	x	Projekte
☹	x	☹	x	Winter	x	ganzen Tag		

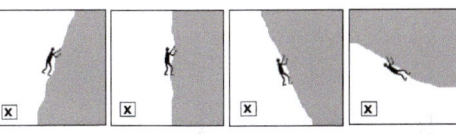

zum abseilen

Es Racó Fosc   La Rubia

Achtung: Zwischen August 2013 und Feb. 2014 wurde von Pipeta, Sven und Rainer als erste Route " The Silence is speaking" mit 10 Seillängen in die Wand „Es Racó Fosc" eingebohrt. Es werden noch weiter dazu kommen. Kosten ca. 120 € !
Im Sommer sollte man sich früh auf den Weg machen, denn ab ca. 14.00 Uhr scheint die Sonne in die Wand. Ein 2er Team benötigt, inkl. Abseilen u. Zustieg ca. 6 Stunden. Bei starken Westwinden ist das Klettern hier nicht zu empfehlen.
Die gelbe Linie ist ein Pfad zu den Aus - und Einstiegen.

Es Racó Fosc

Name		Meter	Level	Bolts
1 - The Silence is speaking 10 Seillängen 5c - 6a - 5c - 4 - 2 - 5a - 6a - 5c - 5c - 4		220 m	6a	30

„**The Silence is speaking**" startet am Wasser, man kann sich also auch mit einem Boot hinbringen lassen. Sie ist zum Teil selbst abzusichern. Vor allen Dingen die erste Seillänge, den Quergang und die letzten zwei Seillängen. Wir empfehlen einen Satz Friends und Klemmkeile mitzunehmen. Nach der dritten Seillänge folgt ein Quergang von ca. 60m, welchen man zum Teil bequem gehen kann. Für das Abseilen 4 Schraubkarabiner mehr mitnehmen. Ein Wandbuch wurde 04.2014 eingerichtet.

La Rubia

Name	Meter	Level	Bolts
Noch keine Routen gebohrt !!!			

Jolibut   39° 4'7.41"N   1°23'6.16"E

Zufahrt:
In San Mateo, vor der Kirche stehend, nach links zwischen Kirche und Restaurant auf der Asphaltstraße im Tal von San Mateo bis zu einem Haus in einem kleinen Wäldchen. Hier nach rechts in den Feldweg abbiegen (Bild). Auf diesem weiter - durch eine Lücke in einer Natursteinmauer - bis zu einem kleinen Platz im Wald. Hier parken. Nichts im Auto lassen, da Diebstahlgefahr !!!

Zugang:
Auf dem rechten, leicht ansteigenden Weg weiter (Bild) bis zur zweiten Abzweigung nach links (Bild). 50 Meter weiter endet der Weg. Zwischen kleinen Bäumen ist der Einstieg zum ersten Sektor ARRIBA 1 etwas verdeckt . An den Kletterwänden bergab befinden sich die anderen Sektoren.

Allgemein: Bei einigen Routen sind die Sicherungen schon sehr rostig. Teilweise sind künstliche Griffe angebracht worden :-(.

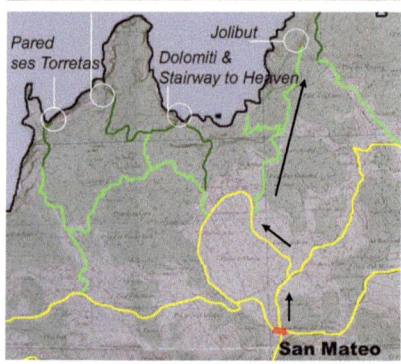

Gehzeit:		
P → 🧗		
20 min.		

Kinderfreundlichkeit		
Spielen		Klettern
😊	x	😊
😐		😐	x
😞		😞

Beste Jahreszeit:		Sonnenschein	
Frühling	x	Nie	
Sommer	x	vormittags	
Herbst	x	nachmittags	x
Winter	x	ganzen Tag	

Routen total	31
3a - 6a+	2
6b - 7a+	7
7b - 7c+	8
8a - 8b	5
8b+ - 9a	
Projekte	

Sektor Principal 1

Name	Bolts	Level	Meter
1 - Desenterreitor	5	?	12 m
2 - Maximo riesgo	6	?	12 m
3 - Mision imposible	5	?	10 m
4 - Pikachu	6	?	15 m
5 - Kin pasinver	8	8a+	17 m
6 - Titty Twister	7	8a+	17 m
7 - James Curry (Klebehaken)	7	8a	17 m
8 - Quillovariante	2	?	17m
9 - Cosmic Tramp	7	8a+	18 m
10 - Alfredo Lanza	7	7c	19 m
11 - Planeta Def	9	8a+	20 m
12 - Chicharra power	7	7c	15 m
13 - Muerte a la chicharra	7	6c	15 m

Sektor Principal 2

Name	Bolts	Level	Meter
14 - Silvester escalones	?	7b	20m
15 - Pim	?	6c	18m
16 - Pam	?	6c	18m
17 - Esto es Jolibut	7	6c	20 m
18 - Quillo locos projekt	8	7b	10 m
19 - Safari 007 (künstliche Griffe)	7	7b	10 m

Allgemein: In der Route 19 sind angeklebte Griffe :-(. Die Routen 14,15,16 sind neueren Datums und daher im besseren Zustand.

Sektor Principal 3

Name	Bolts	Level	Meter
20 - Siempre Fuertes de Konciencia	9	?	18 m
21 - Apache (nicht fertig)	9	6a+	18 m
22 - ? (nicht fertig)	5	?	16 m
23 - El robo de la Jolla	5	7c	15 m
24 - Fernando Hazteso	6	6a+	15 m

Allgemein: Routen 21,22 sind nicht fertig (habe ich nicht überprüft)

Sektor Abajo

Name	Bolts	Level	Meter
1 - Uralita	4	7b+	10 m
2 - Crispi bacon	6	?	15 m
3 - Anagen anagen	6	8a	16 m
4 - Actores secundarios	5	7a	15 m
5 - Deshidrateitor	7	7b+	15 m
6 - Ah pajarito	4	7a	12 m
7 - Ahi va Baloo	8	6b+	13 m
8 - Tabardillo	4	6a	8 m

Allgemein: Die Route 8 „ Tabadillo „ befindet sich um die Felsecke herum.

Der Sektor Abajo kann in den Wintermonaten sehr feucht sein, da hier nach starkem Regen das Wasser herunter fließt. Auch hier sind die Haken schon sehr angerostet.

La Cueva del Pez   39° 04.24"N   1°23'14.00"E

Zufahrt:
In San Mateo, vor der Kirche stehend, nach links zwischen Kirche und Restaurant auf der Asphaltstraße im Tal von San Mateo bis zu einem Haus in einem kleinen Wäldchen. Hier nach rechts in den Feldweg abbiegen (Bild). Auf diesem weiter - durch eine Lücke in einer Natursteinmauer - bis zu einem kleinen Platz im Wald (hier parken).

Zugang:
Auf dem rechten, leicht ansteigenden Weg weiter (Bild), auf dem Waldweg weiter und am Zugang zu Joibut vorbei. Auf der Anhöhe über eine Natursteinmauer und dann auf einem Fußpfad bergab. Bei der ersten Möglichkeit rechts in einen undeutlichen Fußpfad in den Wald hinein. An einer kleineren Felswand vorbei bis wir rechts an einer Felswand ein 4m langes Seil sehen. Dort hinauf finden wir die Kletterrouten.

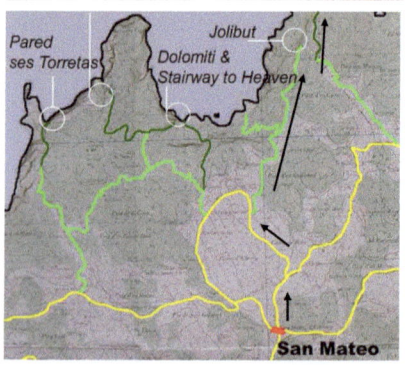

Routen total	8
3a - 6a+	2
6b - 7a+	2
7b - 7c+	4
8a - 8b	
8b+ - 9a	
Projekte	

Gehzeit: P → 40 min.

  x  x  x

Kinderfreundlichkeit			
Spielen		Klettern	
☺		☺	
😐		😐	x
☹	x	☹	

Beste Jahreszeit:		Sonnenschein	
Frühling	x	Nie	
Sommer	x	vormittags	
Herbst	x	nachmittags	x
Winter	x	ganzen Tag	

La Cueva del Pez

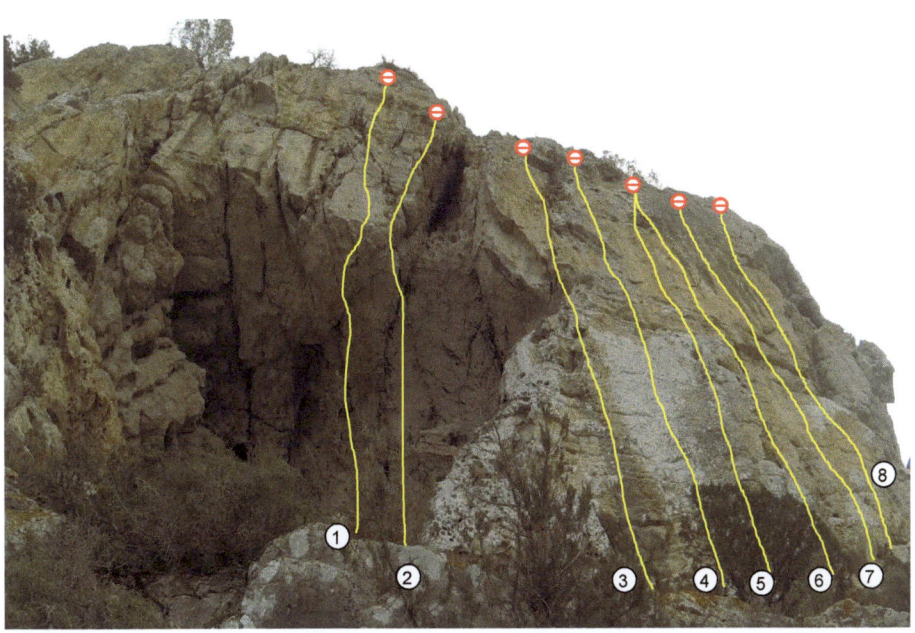

Name	Bolts	Level	Meter
1 - ?	?	?	20m
2 - Enfermos de la escalada	?	7c+	20m
3 - ?	?	5	20m
4 - ?	?	6a	20m
5 - Pezquenitos	?	7b	20m
6 - Made for me two	?	7b	20m
7 - ? +++	?	6c	20m
8 - ? +++	?	6c	20m

Allgemein: Die Routen 7+8 sind als besonders schön bezeichnet. Wer die Routen eingebohrt hat ist mir unbekannt. Nichts im Auto lassen, da Diebstahlgefahr !!!

Cala Aubarca: La corona de Tossals

39° 04`10.60"N
01° 23` 03.37"E

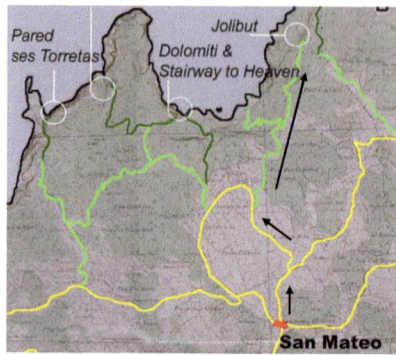

Zufahrt: ist die selbe wie Klettergebiet LA CUEVA DEL PEZ. Auf dem kleinen Platz im Wald parken. Nichts im Auto lassen, da Diebstahlgefahr !!!

Zugang: zwei Feldwege gehen weiter. Einer in die Bucht und der andere leicht ansteigend. Diesen gehen wir, an einem Metallpfosten (der die Durchfahrt verhindert) vorbei bis an das Ende des Feldweges. Ab da den Wanderweg ca. 100m weiter bis zu einer Natursteinmauer und einem großen Baum. Nicht über die Mauer, sondern wir halten uns links an dem Baum vorbei. Der Pfad endet an großen Felsbrocken, hier weiter an der Abbruchkante über Felsen, bis zu einem Canyon der uns zur Wandbasis führt. Ca. 5 m den Canyon hinunter klettern, dort befindet sich ein Seil um eine steile Stelle zu überwinden.

Routen total	9
3a - 6a+	7
6b - 7a+	2
7b - 7c+	
8a - 8b	
8b+ - 9a	
Projekte	

Allgemein: Die Wand wurde ab 2015 von Sven und mir (Rainer) erschlossen. Kosten ca. 220 € ! Helmpflicht, da trotz Säuberung der Routen kleinere, lose Steine vorhanden sind.

Die blaue Linie ist der Zustieg zur Wandbasis und geht durch den Canyon fast immer direkt an der Wand entlang. Man kann sich auch oberhalb der Route „zick zack" abseilen. In dem Sektor „dos pisos" sind noch keine Routen eingebohrt.

Sektor: Cien Techitos

Name	Bolts	Level	Meter
1 la placa	8	6b	28 m
2 la directa	11	6a+	28 m
3 la manera más fácil	11	5b	28 m
4 zick zack	12	5c	30 m
5 escalonada	8	5c	28 m
6 Via dolorosa	11	6b	30 m
7 M&MS	4	5a	15 m
8 Weana Quartett	7	5c	20 m
9 Oyes - el nada	8	6a	20 m

Los viones   39° 3'40.59"N   1°22'23.94"E

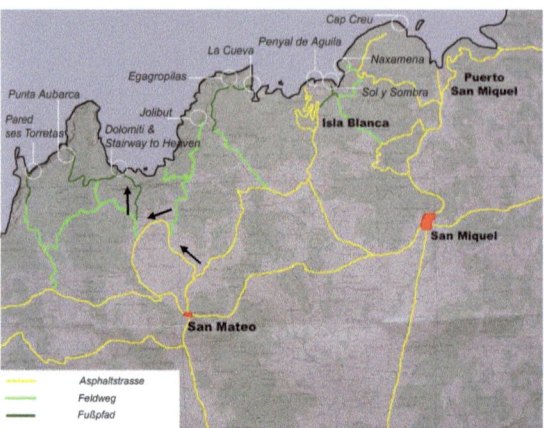

Zufahrt: Selbe Zufahrt wie „Stairway to Heaven". In San Mateo, vor der Kirche stehend, nach links zwischen Kirche und Restaurant auf der Asphaltstraße ins Tal von San Mateo. Auf halber Strecke dieses Rundwegs befindet sich eine Abzweigung (Bild 1) welche durch Häuser hindurch geht. Hier abbiegen, aber ohne einen Geländewagen sollte man hier parken..

Zugang: Auf dem engen Feldweg durch Häuser hinauf und an Ende eines betonierten Weges (Bild 2) rechts dem Pfad folgen. Auf die Steinmännchen achten ! Der Pfad schlängelt sich ebenerdig durch Büsche und Bäume. Im Wald steigen wir über eine eingebrochene Steinmauer und halten uns rechts an einer intakten Steinmauer entlang. Über einer Steinplatte mit einem großen Baum geht jetzt der Pfad bergab. (Falls man eine Platz mit dem Steinkreis erreicht, ist man etwas zu weit) Durch dichten Wald kommt man nach ca. 15 min. an eine steile Steintreppe. Danach auf eine deutliche Abzweigung achten (Bild 3). Wir nehmen den rechten Fußpfad, bis wir auf einer kleinen Lichtung schon die Kletterwand sehen. Auf der anderen Seite der Lichtung geht der frisch geschlagene Pfad weiter und wir erreichen den Sektor Desplome de Abajo.

Gehzeit:				
P → 🧗 40min.	☐	[x]	[x]	☐

Kinderfreundlichkeit				Beste Jahreszeit:		Sonnenschein	
Spielen		Klettern		Frühling	x	Nie	
🙂		🙂		Sommer	x	vormittags	
😐		😐		Herbst	x	nachmittags	x
🙁	x	🙁	x	Winter	x	ganzen Tag	

Routen total	14
3a - 6a+	
6b - 7a+	6
7b - 7c+	6
8a - 8b	2
8b+ - 9a	
Projekte	

Achtung: der Untergrund der Wandbasis der Sektoren Principal und Desplome de abajo sind sehr brüchig und steil. Nur im Sektor Chorreras steht man bequem und sicher.

2013 waren die Seile schlecht und sind noch nicht erneuert worden. Mich haben sie noch gehalten !!!!!!! Genau prüfen bevor ihr sie benutzt.

Der Zugang in anderen Kletterführern wird von oberhalb des Sektors Principal beschrieben. Dieser ist sehr schwer zu finden und zugewachsen.

Los viones   Sektor Desplome de abajo

Name	Bolts	Level	Meter
1 - Madrid - Barajas 1.SL=6c , 2.SL=8a	?	8a	25m
2 - Aeropuerto 78	?	6c	18m
3 - Iberia	?	8c?	23m

Los viones   Sektor Principal

Name	Bolts	Level	Meter
1 - MD 80		7b+	10 m
2 - Boeing 737		7a+	10 m
3 - Airbus 320		7c	10 m
4 - Central		7b+	10 m
5 - Charles de Guille		6b+	10 m
6 - Perejil		7a	10 m
7 - DC 9		6c+	10 m
8 . DC 10		6c+	10 m

Los viones   Sektor Chorreras 45°

Name	Bolts	Level	Meter
1 - Harrier	?	?	16m
2 - Directa F 14	?	?	16m
3 - Concorde	?	?	16m

Sven beim Einbohren der Route „Stairway to Heaven" 6a

Cala Aubarca: Stairway to Heaven

39°03´46.30"N
1°22´08.42"E

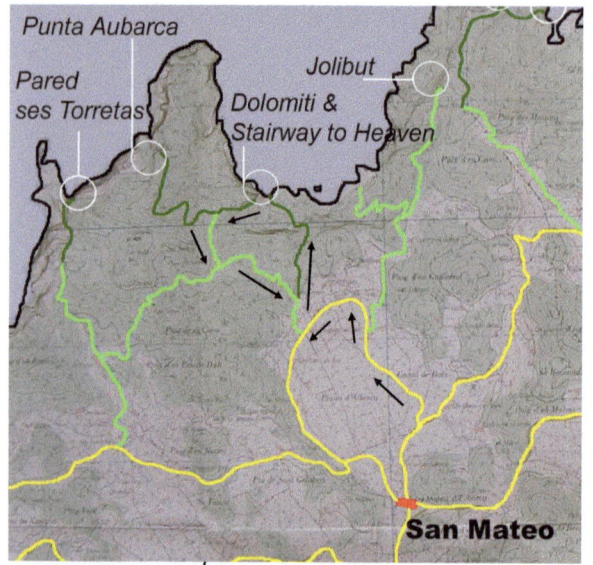

1

2

Zufahrt: In San Mateo, vor der Kirche stehend, nach links zwischen Kirche und Restaurant auf der Asphaltstraße ins Tal von San Mateo. Auf halber Strecke dieses Rundwegs befindet sich eine Abzweigung (Bild 1)
welche durch Häuser hindurch geht. Hier abbiegen, aber ohne einen Geländewagen sollte man hier parken.
Zugang: Auf dem engen Feldweg zwischen Häuser hinauf und an Ende eines betonierten Weges (Bild 2)
rechts dem Pfad folgen. Auf die Steinmännchen achten ! Der Pfad schlängelt sich ebenerdig durch Büsche
und Bäume. Dem Weg bis zum Ende folgen, dann steigen wir über eine eingebrochene Steinmauer und
halten uns rechts an einer intakten Steinmauer entlang. Über einer Freisplatte mit einem großen Baum geht
jetzt der Pfad bergab. (Falls man eine Platz mit dem Steinkreis erreicht, ist man etwas zu weit) Durch dichten
Wald kommt man nach ca. 15 min. an eine steile Steintreppe. Danach geht es an zwei alte zerfallenen Finkas
vorbei und man ist fast an der Küste. Hier muß man links durch Büsche und danach über Felsbrocken zur
linken Seite der Bucht kommen. Dort in der Ecke an der Wasserkante befindet sich der Einstieg.
Abstieg:
Am Ende der Kletterroute muß man noch eine kurze Strecke über felsiges Gelände klettern und man kommt
auf einen Waldpfad. Diesem folgen bis man einen kleinen Platz im Wald erreicht Dem Feldweg folgen und
am nächsten Abzweig links halte - so erreicht man wieder die asphaltierte Straße von San Mateo.

Allgemein: Die alpinähnlichen Routen (ca. 240 m 9 Seilängen) wurden von Sven und Rainer 2012 einge-
bohrt und erstbegangen. Kosten 300 € ! Die „Dolomiti" ist der Zugang zu „Stairway to Heaven", sie hat 4
Sicherungshaken (gelb), man benötigt 3-4 Friends mittlerer Größe und ein paar Bandschlingen. Vorsicht loses
Gestein !!!
„Stairway to Heaven" ist sehr gut abgesichert und der Felsqualität ist gut !! Sehr schönes Klettern !!!
04.2014 wurde ein Gipfelbuch eingerichtet.

Stairway to Heaven

Name	Bolts	Level	Meter
1 - Dolomiti 1	4	4+	110 m
2 - Stairway to Heaven :-) L1/5c, L2/5b, L3/5c, L4/6a, L5/5a	40	6a	130 m

Gehzeit: P → 45min.

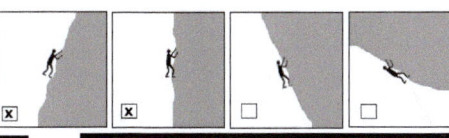

Kinderfreundlichkeit			
Spielen		Klettern	
:)		:)	
:|		:|	
:(	x	:(	x

Beste Jahreszeit:		Sonnenschein	
Frühling	x	Nie	
Sommer	x	vormittags	x
Herbst	x	nachmittags	
Winter	x	ganzen Tag	

Routen total	2
3a - 6a+	2
6b - 7a+	
7b - 7c+	
8a - 8b	
8b+ - 9a	
Projekte	

Punta Aubarca

Bei Punta de Aubarca findet man die Klettergebiete „Torre de Lluc" Sektor 1+2 und „Cara Mono"

Zufahrt: In San Mateo, mit dem Rücken vor der Kirche stehend fahren wir die Straße gegenüber, am Sportplatz vorbei, auf der nördlichen kleineren Asphaltstraße Richtung Santa Agnes. Nach ca 3 Km kommt man an einem Stromhäuschen vorbei und gleich danach an eine Abzweigung. Hier steht ein Stein mit dem Hinweis auf das Landhotel „Can Pujolet". Hier abbiegen und dem Hauptweg den Berg hinauf folgen bis der Weg scharf nach links abbiegt (Foto 1). Weiter diesem Weg durch den Wald folgen, an einer geöffneten Schranke (Foto 2) vorbei, bis zu einem Haus mit Zaun (Foto 3). Hier irgendwo parken! Den Fußweg direkt neben dem Haus rechts am Zaun entlang nehmen.

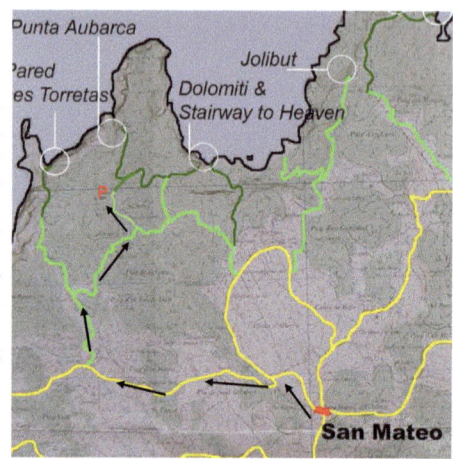

Zugang: Durch den Wald folgen wir dem Fußweg bis auf einer kleineren ebenen Fläche, hier (Foto 4) hat es mehrere Abzweigungen. Gerade aus geht es nach „Torre de Lluc Sektor 1" und „Cara Mono". Links geht's zum „Torre de Lluc Sektor 2" und rechts geht es **auch** (40min) zum Ausstieg von „ Stairway to Heaven".
Wir folgen dem Weg geradeaus über Felsbrocken bis links ein Fußweg abzweigt. (Foto 5) Dort hinauf geht's zum Sektor 1 von „Torre de Lluc", gerade aus geht's zu „Cara Mono" Wir steigen links hinauf (Foto 6), an Natursteinmauern vorbei, durch ein kleines Wäldchen und kommen zur oberen Wandkante (Foto 7) des Sektor 1. Wir folgen nach rechts der Wandkante bis wir den Abstieg zum Wandfuß finden (Foto 8).

Allgemein: Die Routen in Torre de Lluc Sektor 1 wurden 2008 saniert. Die Wand schaut nach Westen, so dass erst am Nachmittag ab ca. 15 Uhr die Sonnen scheint. Die Einsamkeit und die tolle Aussicht entschädigen für den längeren Weg dorthin.

Gehzeit:	
P → 🧗	
45 min.	

Kinderfreundlichkeit			
Spielen		Klettern	
🙂		🙂	
😐	x	😐	x
🙁		🙁	

Beste Jahreszeit:		Sonnenschein	
Frühling	x	Nie	
Sommer		vormittags	
Herbst	x	nachmittags	x
Winter	x	ganzen Tag	

Routen total	28
3a - 6a+	7
6b - 7a+	13
7b - 7c+	6
8a - 8b	2
8b+ - 9a	
Projekte	

„Torre de Lluc" Sektor 1
39° 4'00.46" N   1°21'29.56" E

Name	Meter	Level	Name	Meter	Level
1 - Ni puta idea	25 m	7a+	15 - Dream w.b. destroyed	20m	7b+ / 7c+
2 - Empanadilla	25 m	6a	16 - Sorginak	21m	6c+
3 - Bona bona	25 m	5+	17 - Marilyn Manson	21m	7a
4 - Menhir	25 m	6a	18 - Disorder	22m	7a / 8a
5 - Derribos Arias	20 m	6a+	19 - Anticristo Superstar	23 m	7b+
6 - Kiticrik	15 m	5+	20 - Kokantrampo	28 m	7a+
7 - Katacrack	20 m	6b	21 - Pantera floja	25 m	6a+
8 - Rayos inflaojos	20 m	6c+	22 - Capitan tomate	25m	7a+
9 - Fosil	20m	6b+	23 - Tambores	20m	6c+
10 - ?	?	6c	24 - Alucinado bellotas	20m	7b / 7c+
11 - ?	?	6c+	25 - Super olimpo	25m	7c / 8a
12 - ?	?	7b	26 - La arana virtual		?
13 - Anillo sin dedillo	45m	5+ / 5+	27 - ?	40m	7b
14 - Beautiful people	20m	6b+	28 - ?	50m	7b

Von der steilen Plattenkletterei bis zu kleineren Dachkletterei findet man an der TORRE DE LLUC genügend Abwechslung.
Gerhard befindet sich gerade in der Route „*Menhir*" 6a

„Torre de Lluc" Sektor 2   39° 3'57.72"N   1°21'25.40"E

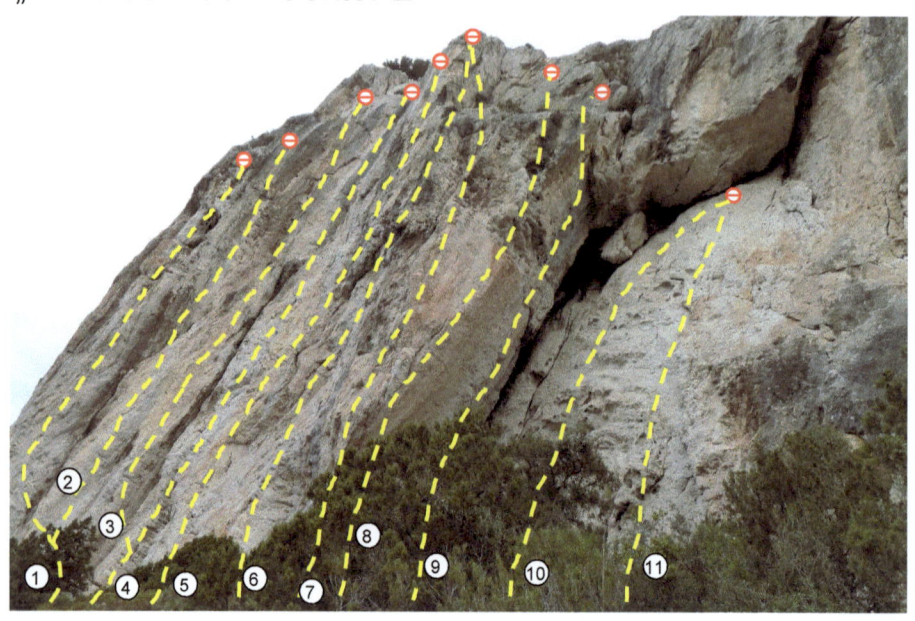

Zugang: selber Zugang wie nach „Punta de Aubarca", jedoch ab Foto 4 links weiter gehen. Ab hier geht es mit leichten Kletterpartien und den Steinmännchen folgen zum Sektor 2.

Allgemein: Ab 2011 wurde hier begonnen Routen einzubohren

Gehzeit:	
P → 🚶	
45 min.	

| | x | | x | | □ | | □ |

Kinderfreundlichkeit			
Spielen		Klettern	
😊		😊	
😐		😐	
☹	x	☹	x

Beste Jahreszeit:		Sonnenschein	
Frühling	x	Nie	
Sommer		vormittags	
Herbst	x	nachmittags	x
Winter	x	ganzen Tag	

Routen total	11
3a - 6a+	1
6b - 7a+	5
7b - 7c+	4
8a - 8b	
8b+ - 9a	
Projekte	1

Sven in „Maximo Volumen" 6a, Egagropilas

Name	Meter	Level	Name	Meter	Level
1 - Still a projekt	30 m	?			
2 - ?	30 m	7b+			
3 - Flower Power	30 m	7a+			
4 - Fisura Ramon	30 m	7a+			
5 - ?	30 m	6c+			
6 - ?	30 m	7a+			
7 - ?	30 m	7c			
8 - Esplome Toni	20 m	7c+			
9 - Chilam resbalam	20m	7b			
10 - ?	13 m	6b			
11 - ?	13 m	6a			

Punta Aubarca „Cara Mono" 39° 3'57.93"N 1°21'38.19"E

Zufahrt: wie zu Punta Aubarca. Fotos 1-5 siehe Seite 76.

Zugang: Durch den Wald folgen wir dem Fußweg bis auf einer kleineren ebenen Fläche, hier (Foto 4) hat es mehrere Abzweigungen. Gerade aus geht es nach „Torre de Lluc Sektor 1" und „Cara Mono". Links geht's zum „Torre de Lluc Sektor 2" und rechts geht es auch (40min) zum Ausstieg von „Stairway to Heaven". Wir folgen dem Weg geradeaus über Felsbrocken bis links ein Fußweg abzweigt (Foto 5). Hier gehen wir gerade aus, bis wir eine kleine Ruine sehen. Kurz davor an einer Steinmauer den Berg hinunter. Dem Pfad / Steinmännchen folgen bis wir in einer Art Amphitheater sind. Ein Steinmännchen zeigt den Weg zwischen den Felsen zur Kletterwand.

Allgemein: Die Routen wurden ca. 2008 eingebohrt.

Gehzeit:
P → 🧗
45 min.

Kinderfreundlichkeit	
Spielen	Klettern
🙂	🙂
😐	😐
☹ X	☹ X

Beste Jahreszeit:		Sonnenschein	
Frühling	x	Nie	x
Sommer	x	vormittags	x
Herbst	x	nachmittags	
Winter	x	ganzen Tag	

Routen total	9
3a - 6a+	1
6b - 7a+	4
7b - 7c+	3
8a - 8b	
8b+ - 9a	
Projekte	1

Name	Bolts	Level	Meter
1 - ?	?	6c	25m
2 - ?	?	6b	25m
3 - Projekt	?	7c?	25m
4 - Como piedras	?	7b+	25m
5 - Atrellum	?	7b	25m
6 - ?	9	7a	25m
7 - ?	11	7a	25m
8 - ?	4	6a+	8m
9 Via interminable	?	7a+	?

Cap Aubarca

39°04'24.44"N   1°21'31.98"E

Siehe Bilder 1-4 auf Seite 76 !!!!

Zufahrt: In San Mateo, mit dem Rücken vor der Kirche stehend fahren wir die Straße gegenüber, am Sportplatz vorbei, auf der nördlichen kleineren Asphaltstraße Richtung Santa Agnes. Nach ca 3 Km kommt man an einem Stromhäuschen vorbei und gleich danach an eine Abzweigung. Hier steht ein Stein mit dem Hinweis auf das Landhotel „Can Pujolet". Hier abbiegen und dem Hauptweg den Berg hinauf folgen bis der Weg scharf nach links abbiegt (Foto 1). Weiter diesem Weg durch den Wald folgen, an einer geöffneten Schranke (Foto 2) vorbei, bis zu einem Haus mit Zaun (Foto 3). Hier irgendwo parken! Den Fußweg direkt neben dem Haus rechts am Zaun entlang nehmen.

Zugang: Durch den Wald folgen wir dem Fußweg bis auf einer kleineren ebenen Fläche, hier (Foto 4) hat es mehrere Abzweigungen. Gerade aus geht es nach „Torre de Lluc Sektor 1 (grüner Pfeil)", „Cara Mono" und Cap Aubarca. Links geht's zum „Torre de Lluc Sektor 2" und rechts geht es **auch** (40min) zum Ausstieg von „ Stairway to Heaven".

Wir folgen dem Weg geradeaus über Felsbrocken zur Ruine von „Cara Mono" (Seite 82), daran vorbei bis zur tollen Aussicht auf die Bucht Aubarca. Hier halten wir uns links und folgen dem Weg und den Steinmännchen bis wir auf einem schmalen Pfad treffen der in den Wald hinein führt. Immer dem Pfad und den Steinmännchen folgen bis zu einer ansteigenden, gerölligen Stelle. Gleich darauf im Wald mit dichtem Nadelboden den Weg bergab und gleich darauf den Weg auf gleicher Höhe nehmen, bis zu einer ebenen Stelle mit Feuerstelle am Waldrand. Nun den Steinmännchen bis zur Kletterroute folgen.

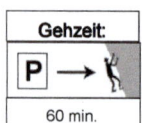

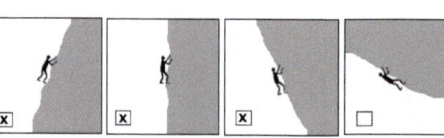

Gehzeit:
P → 🧗
60 min.

Routen total	2
3a - 6a+	1
6b - 7a+	1
7b - 7c+	
8a - 8b	
8b+ - 9a	
Projekte	

Kinderfreundlichkeit		
Spielen		Klettern	
🙂		🙂	
😐		😐	
🙁	X	🙁	X

Beste Jahreszeit:		Sonnenschein	
Frühling	x	Nie	
Sommer	x	vormittags	
Herbst	x	nachmittags	X
Winter	x	ganzen Tag	

Name	Bolts	Level	Meter
1 - Panorámicas de ensueño 8SL	Ca 60	6a	220m
1L - 3, 2L - 5c, 3L - 5b, 4L - 4c, 5L - 5b, 6L - 6a, 7L - 5c, 8L - 5c.			
2 - El gran diedro 9SL	70	6b+	220m
1L - 5b, 2L - 6b, 3L - 6a, 4/5L - 6b+, 6L - 6a, 7L - 4c, 8/9L - 5c, (A0 - 6a).			

Die Routen eingerichtet / erstbegangen im 04/05.2016 von Sven Sommer und Rainer Klingner.
<u>Benötigte Zeit:</u> Gehzeit je 1 Std., Abseilen 1Std., Klettern 3 Std.
In Route 1 sind alle Stände max. 30m voneinander entfernt. Abseilen besser über die Route 1 und beim letzten Umlenker zur Route 2 wechseln (weiße Linie). Ab ca. 13 Uhr scheint die Sonne in die Wand !!   Kosten zum Einrichten 600 €!

Cala Sardina (Despiste)

39° 3'26.95"N   1°20'48.12"E

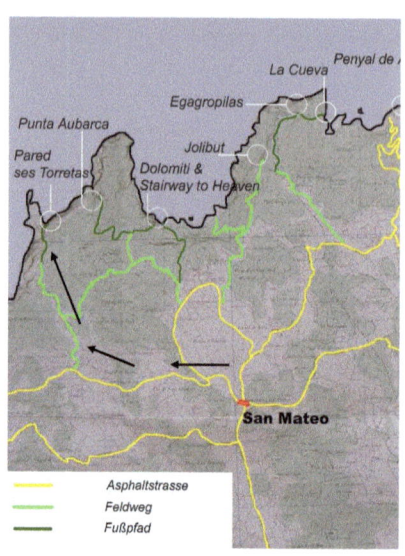

Zufahrt: In San Mateo, mit dem Rücken vor der Kirche stehend fahren wir die Straße gegenüber, am Sportplatz vorbei, auf der nördlichen kleineren Asphaltstraße Richtung Santa Agnes. Nach 3 Km kommt man an einem Stromhäuschen vorbei und gleich danach an eine Abzweigung. Hier steht ein Stein mit dem Hinweis auf das Landhotel „Can Pujolet". Diesem folgen bis sich auf der linken Seite die Finka Can Pujolet befindet. Hier fahren wir gerade aus bis wir den Wagen wegen des schlechten Weges stehen lassen müssen oder mit einem Allrad bis ganz hinauf wo wir auf einen runden Platz gelangen.

Zugang: Hinter diesem Platz einen Waldpfad links hinunter zur Wandbasis.

Allgemeines: Die Routen sind ca. 2006 von Juan Carlos / Ramon / Toni Bonet eingerichtet worden.

Routen total	19
3a - 6a+	5
6b - 7a+	10
7b - 7c+	4
8a - 8b	
8b+ - 9a	
Projekte	

Kinderfreundlichkeit				Beste Jahreszeit:		Sonnenschein	
Spielen		Klettern		Frühling	x	Nie	
☺		☺		Sommer	x	vormittags	
😐	x	😐	x	Herbst	x	nachmittags	x
☹		☹		Winter	x	ganzen Tag	

Name	Bolts	Level	Meter
1 - Perra huevera		7a+	17
2 - Hormiga culona		6b	17
3 - La jungla		6a+	17
4 - Tonino Bravo		6c	20
5 - Ole mis huevos		?	20
6 - Carola caracola		5	18
7 - Sudor y sueno		7b	20
8 - Sultan de los mares		7a	23
9 - La abubilla		6a+	23
10 - American people		6a	23
11 - Desvirgue		5+	23
12 - Mazinger Z.		6b	15
13 - Picasica		7b	10
14 - Magia negra		7c+	10
15 - Tatama		7b	8
16 - Chimpandolfo		6b+	8
17 - El fantasma de Penaubrada		?	8
18 - Barman		6c	6
19 - ?		7a	6

Pared de ses Torretes 39°03´45.75"N 1°20´51.73"E

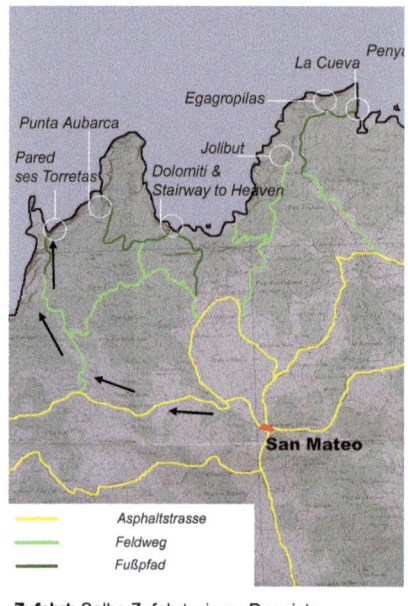

Zufahrt: Selbe Zufahrt wie zu Despiste.
Zugang: Von dem kleinen Wendeplatz beginnt geradeaus ein kleinen Fußpfad. Auf diesem in ein kleines Tal, dort an der Natursteinmauer auf die andere Seite des Tals und dort wieder einen Fußpfad hinauf. Diesen bis zum Bergkamm und auf der anderen Seite wieder hinunter. Nun sieht man eine steil abfallende Schlucht. Diese hinunter und auf der Hälfte des Weges mehr rechts halten um zur Mitte der Kletterwand zu kommen. Dort ist es möglich auf einem, mit Strauchbestand, 2 m breitem Absatz, zur Route hinüber zu gehen. Der Weg ist sehr schwer zu finden. Weiter hinunter am Wasser kommt man zur Wandbasis. Dort sieht man auch eine Halbinsel mit ihren Felstürmen (Ses Torretes) . Dort über die Türme hinweg befindet sich eine Kletteroute ohne Sicherungen, jedoch mit Abseilpunkten.
Route: Solo para temerarios: 1.SL 6b,2. SL 6a, 3/4/5 SL 6b+   (übersetzt: Nur für Abenteurer 6b+)
Allgemein: Die Route wurde frei kletternd von Alejandro Pellegrino und Jordi Latorre am 11.07.2005 eingebohrt. Sie ist 280 Meter lang. Die Stände sind aus rostfreien Material. Die 1.& 2. Seillänge sind je ca. 60m, die 3. & 4. Seillänge je 57m und die 5. Seillänge 40m. Im oberen Teil hat es 11 Sicherungshaken. Die Route endet an einem großen Baum. Es ist eine sehr abenteuerliche Kletterroute, ausgesetzt und selbst zu sichern. An zusätzlicher Ausrüstung sollte man ein Satz Friends und Keile mittlerer Größe mitnehmen.

Gehzeit:			
P → 🚶			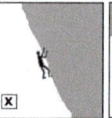
90 min.	x	x	x

Kinderfreundlichkeit	
Spielen	Klettern
☺	☺
😐	😐
☹ x	☹ x

Beste Jahreszeit:		Sonnenschein	
Frühling	x	Nie	
Sommer		vormittags	
Herbst	x	nachmittags	x
Winter	x	ganzen Tag	

Routen total	1
3a - 6a+	
6b - 7a+	1
7b - 7c+	
8a - 8b	
8b+ - 9a	
Projekte	

Ses Fontanelles   39° 1'18.67"N   1°17'40.05"E

Zufahrt: Von San Antonio aus Richtung Santa Ines (Agnes). Vor der Urbanisation „Can German" links abbiegen Richtung Cala Salada. Diesen Weg und den Schildern „Cala Salada" immer folgen. Kurz vor dem Strand geht ein Feldweg ,mit dem Hinweisschild „Ses Fontanelles", rechts ab. Dem Feldweg exakt 2 Km folgen, dort geht ein Feldweg rechts ab. Diesem 100m folgen und vor einem großen Stahltor eines Hauses wieder links abbiegen. Der Weg fällt leicht ab und nach 150m bei einer Weggabelung wieder nach links. Nach weiteren 200m kommt man zu einem Platz im Wald, hier Parken!

Zugang: Ein Fußweg geht rechts hinunter zum Meer. Nach ca. 3 min. erreichen wir die erste Kletterwand. Etwas weiter hinunter kommt man zu den anderen Sektoren und dort befinden sich auch die „sogenannte" eingezäunte Felsmalerei.

Allgemein: Dies ist eigentlich ein Klettergebiet, welches mehr im Winter genutzt wird, da fast den ganzen Tag hier die Sonne scheint. Die Routen sind zwischen 7—30 m hoch und wurden ab 2009 eingebohrt.

Robby´s Klettergruppe in „little nose 6c" , Rampa de Torre

Kinderfreundlichkeit			
Spielen		Klettern	
☺		☺	
😐	X	😐	X
☹		☹	

Beste Jahreszeit:		Sonnenschein	
Frühling	x	Nie	
Sommer		vormittags	
Herbst	x	nachmittags	
Winter	x	ganzen Tag	x

Routen total	19
3a - 6a+	8
6b - 7a+	8
7b - 7c+	2
8a - 8b	
8b+ - 9a	
Projekte	

Name	Bolts	Level	Meter
1 - ?	4	?	7m
2 - ?	4	5+	7m

Achtung:
Diese Kletterwand befindet sich ca. 100m vor dem eigentlichem Klettergebiet.

Ses Fontanelles

Name	Bolts	Level	Meter
1 - ?	4	5+	8m
2 - ?	4	4+	8m
3 - ?	4	4+	8m
4 - ?	3	4+	8m

Achtung:
Die Routen 1 + 2 sind nach meiner Meinung schwerer!

Name	Bolts	Level	Meter
1 - Eleggua	6	7a	15m
2 - La Odisea	7	6c	15m
3 - Changó	?	7c+	15m
4 - ?	?	7a+	15m
5 - ?	6	7a+	14m
6 - ?	7	7a+	14m
7 - ?	7	6a+	14m

Ses Fontanelles

Name	Bolts	Level	Meter
1 - ?	8	6c	25m
2 - ?	9	6b	25m
3 - ?	8	?	22m

Ses Fontanelles

Name	Bolts	Level	Meter
3 - ?	?	7a	25m
4 - ?	?	7a+	25m
5 - ?	8	7c	25m
6 - ?	8	6a+	27m

Achtung: Alle Routen sind mit Klebehaken eingerichtet

Buda 38°52′33.17″N 1°13′52.38″E

Zufahrt: Von Ibiza Stadt aus in Richtung San Josep de Sa Talaia. Abbiegen nach Es Cubells. Kurz vor Es Cubells rechts ab nach Cala d´Hort. Wenn man die Insel Es Vedra sehen kann, in einer leichten Rechtskurve mit einem Haus auf der rechten Straßenseite, links abbiegen (Bild). Diesen, am Anfang asphaltierten Feldweg, gerade aus bis (ca. 600 m) zu einem mannshohen Zaun.
Dort parken. Nichts im Auto lassen, da Diebstahlgefahr !!!

Zugang: Nicht über den Zaun steigen, sondern am Zaun entlang und links den Hügel hoch. Man kommt zu einer Bergkante, wo es steil zum Meer und Atlantis (alter Sandsteinbruch) hinunter geht. Rechts sieht man nun den ersten Sektor Rampante. Geht man direkt am Fuße der Wand hinunter, erkennt man die verschiedenen Routen, welche sich weit in Richtung Meer entlang ziehen.

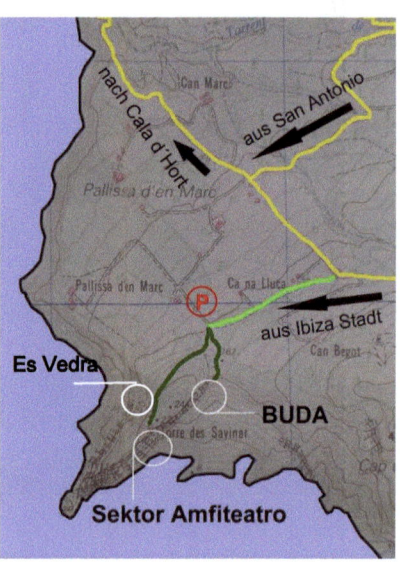

Allgemein: Pared de Buda liegt in Ost - West Richtung, so hat man im Sommer am frühen Vormittag und nachmittags und im Winter spätnachmittags Schatten. Pared de Buda besteht aus 9 Sektoren und einem großen Felsblock der Bloque de Buda genannt wird (4 Routen zwischen 6b - 7c), der sich unterhalb vom Sektor Techo befindet.

Die Sektoren sind:
Sektor 1	Rampante
Sektor 2	Colorado
Sektor 3	Cuevas
Sektor 4	Entresuelo/Pueblos Oprimidos
Sektor 5	Vidas
Sektor 6	Techos
Sektor 7	Amfiteatro
Sektor 8	Cueva del Mona
Sektor 9	Es Vedra (auf der Rückseite von Amfiteatro)

Die beliebtesten Sektoren sind Rampante, Colorado, Entresuelo und Cuevas. In den Sektoren Vida und Techo hat man Routen von 100—150 Meter Höhe, wobei manche nicht gerade üppig mit Sicherungshaken ausgestattet sind. Hier empfielt sich ein Satz Friends und Klemmkeile. In den Sektoren 1 - 4 wurden 2004 die meisten Sicherungshaken durch rostfreie ersetzt. 2006 wurden die Sektor Anfiteatro + Es Vedra neu erschlossen.

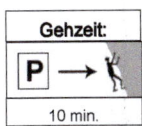

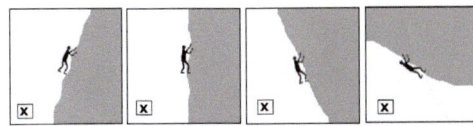

Routen total	115
3a - 6a+	48
6b - 7a+	32
7b - 7c+	8
8a - 8b	11
8b+ - 9a	
Projekte	

Kinderfreundlichkeit			
Spielen		Klettern	
😊		😊	x
😐	x	😐	
😞		😞	

Beste Jahreszeit:		Sonnenschein	
Frühling	x	Nie	
Sommer		vormittags	x
Herbst	x	nachmittags	x
Winter	x	ganzen Tag	

Alejandro in „Alien" 8b, Anfiteatro

Sektor Rampante

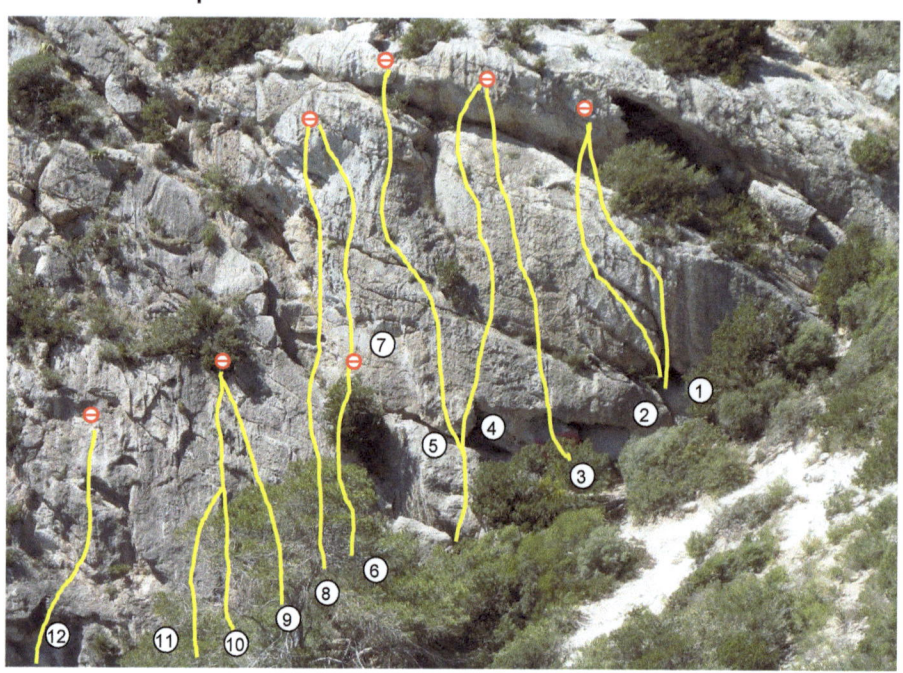

Name	Meter	Level	Bolts
1 - Cuerdas y cuchillos	6 m	5a	4
2 - Un cop de gas	8 m	5a	?
3 - Cap de faba	10 m	5b	3
4 - Tsunami	15 m	5b	?
5 - E.G.B. :-)	15 m	5a	6
6 - Sino lo ves no te lo des	7 m	6a	3
7 - Tarari que te vi :-)	10 m	5b	3
8 - Uno mas uno	17 m	5a	6
9 - Facsimil	14 m	4c	3
10 - Paragirlding	14 m	5b	4
11 - Variante de levante	14 m	5b	1
12 - Escuartaco	6 m	5b	2

Sektor Colorado 1

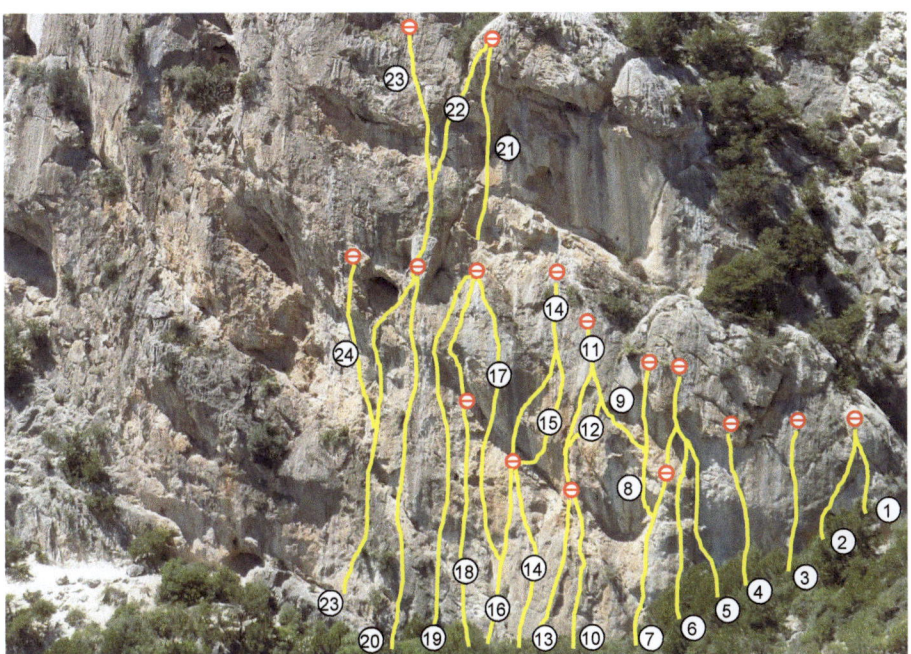

Name	Level	Name	Level
1 - Plou ploc	6a+	17 - Napa ke napa	7b+
2 - Stiri	6b+	18 - La abeja no me deja L1-6a, L2-6c	6c
3 - Niu for rent	6a	19 - Otra lesión para la colección	7b
4 - Inkredulo	7a	20 - Chorrerar de dios	6b+
5 - Kolpez kolpe	6b+	21 - Red hot Chilli	6c
6 - Made for mi	7a	22 - Cave man	6a+
7 - Espasmos de terror L1– 5b, L2-6c+	6c+	23 - Percu jones L1-5c, L2-5c :-)	5c
8 - Eduardo aqui tienes algo	7b	24 - Gecco blaster	6c+
9 - A cuchillo	7a		
10 - Pikapiedra	6b		
11 - Tocame todo	7a		
12 - A tenedor	6a		
13 - Kantant karamelles	5b		
14 - Kemafisio L1-5b, L2– 6c+	6c+		
15 - Inocentes indecentes	7b		
16 - Podenco ibicenco	6a		

Sektor Colorado 2

Name	Level	Name	Level
1 - Madona igual	6b	17 - Madona igual	6b
2 - Grock´n Roll	6c	18 - La Baronesa	8a+
3 - Flujo rosa	6a	19 - Rosso– Campari 35m !!	?
4 - Mi osito de peluche	7a+		
5 - Delicatesen grock	6b+		
6 - La avaricia rompe el frenillo	6c+		
7 - Todo por la napia	6a+		
8 - Mis primeros spits	6a		
9 - Con faldas y a lo loco :-)	5b		
10 - Cristo salva L1– 5c, L2– 5b :-)	5c		
11 - Galvana mental :-)	5b		
12 - Superheroes de barrio	6c+		
13 - Con pinchados 35 Meter	5c		
14 - Exploited climbers	6a+		
15 - Isaias	7a		
16 - Joselito	7b		

Rainer in „Cristo salva" 5b, Buda

Sektor Cuevas

Name	Level
1 - Directa pitiusa 85m L1/L2	!!! 5b/5a
2 - Estrella fugaz L1-6a+L2-5+L3-6b+	6b+
3 - Rasca mama	6a+
4 - Menamorao	6c+
5 - Orake iosi	?
6 - Killo	?
7 - Cotopaxi	6a
8 - En technicolor L1-6a L2-5c L3-4a	6a
9 - Haceros inoxidables	6c+
10 - Califa	6a
11 - Pinchito moruna	5c
12 - Camp de Pals L1-5c L2-5b L3-6a	!!! 6a
13 - Cala Montse	6a

Achtung:

Directa pitiusa:
Schlechte / wenige Sicherungen -
Selbstsicherung!!
Camp de Pals:
Schlechte / wenige Sicherungen -
Selbstsicherung!!

Sektor P. Oprimidos

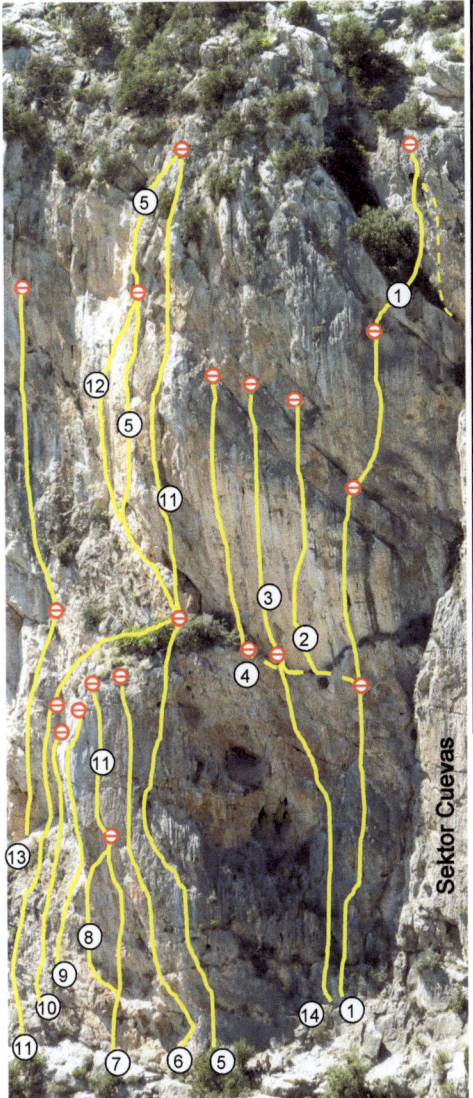

Name	Level
1 - Entre pincho y extraplomo 4SL	5c/7a/6a/5b
2 - Crucifixion	?
3 - Relajacion	?
4 - Orgasmatron	7c+
5 - Busco a Jacks 3SL o.S.	6a/A2-5/5b
6 - Bosnia Herzegovina	6a
7 - Palestina	6a
8 - Kurdistan	6a+
9 - Nicaragua	6b+
10 - Tumbulo	6a+
11 - Eva 90 m 3SL, SL3-A2 o.S.	6a/5b/A2-5b
12 - Tendonetes	6a+
13 - Corazon petao 2SL	5c / 7b+
14 - ?	5c

Achtung:

Bei dem Namen des Sektors gibt es unterschiedliche Aussagen.
<u>Entre Pincho:</u>
hat in der 4.SL keine Sicherungen.
<u>Busco a Jacks:</u>
Selbstsicherung
<u>Eva:</u>
Selbstsicherung

Sektor Vidas

Name	Level	Meter
1 - Corazon petao	7b+	
2 - Mr. Flyght	8a+	
3 - Levitacion	8a+	
4 - Sindrome isleno 2 SL	?	50 m
5 - Extra virgen	8a	
6 - Sapos y Cules	8a	20 m
7 - La Oliva 2 SL	7b+/8a	50 m
8 - Hippie Happy 2 SL	8a/8a+	
9 - Llamala ding dong 4 SL	6c/5/5+/4	60 m
10 - Vidas ejemplares 4 SL ohne Sicherung	3+/5/5+/5	60 m

Achtung:

Die Routen „La Oliva" und „Hippie Happy" sind mit Bohrhaken ausgetattet. Jedoch sollte man einige lange Rundschlingen und ein Satz Keile mitnehmen.

Die Route „Vidas ejemplares" ist ohne Sicherung.

Sektor Techo

Name	Level	Meter
1 - Atormentados 4 SL	7a / 6b+ / 7a+ / 5+	
2 - Trilogia de siete a	7a+	25m
3 - Trilogia de siete a	7a	25m
4 - Trilogia de siete a	7a	25m
5 - Trilogia de siete a	6b	25m
6 - Trilogia de siete a	6b	25m
7 - Trilogia de siete a	6b	25m
8 - Pipeta 3 SL	6a+ / 7 / ?	
9 - Ambiente al filo 2 SL	5+ / 6a+	
10 - Ambiente selecto 4 SL, SL4 o.S.	6a/6a+/Ae-5+(8a+)/3	
11 - La nina de Majaromaque 5 SL	5+/6b+/7a+/7b+/5	125m

Achtung:

Die Route „Atormentados" startet aus der Route 3.

Die letzte Seillänge zum Ausstieg der Route „ Ambiente selecto" ist ohne Sicherungen.

Sektor Cueva del Mona

Name	Level	Meter
1 - La espera merecio la pena	6c	20m
2 - Equilibrando neumaticos	7a	20m
3 - Entre Pinto y Valdemoro	7b	20m
4 - Desidia	7c	20m
5 - Chogüey	8b	20m
6 - Hippies in the gym	8a	20m
7 - La pisa no se cuerda	7b+	20m
8 - Variante pisa	7c	20m
9 - Variante enano	7b+	20m
10 - Enano saltarin	7a+	20m
11 - El mona no me deja	6b	20m
12 - Romenior	7c	20m
13 - Quebrantacintas y el robacuchillios	7b	20m

Buda, Sektor Colorado

Gerhard & Rainer in „Percu jones" 5c

Sektor Anfiteatro 38°52´22.99"N 1°13´37.68"E

Zugang: Einfach vom Parkplatz von Buda durch den Zaun und den Weg gerade aus weiter gehen. Zum Turm „Torre de Savinar" oder Piratenturm wie man ihn auch nennt, hinauf und ca. 100 Meter danach kann man zur Wandbasis hinunter klettern (Foto).

Erschlossen 2006 von: Pipeta/León/Oscar/Josua/Ximo

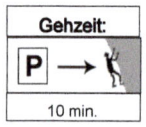   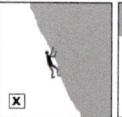 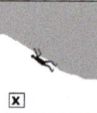

Routen total	19
3a - 6a+	
6b - 7a+	7
7b - 7c+	5
8a - 8b	4
8b+ - 9a	
Projekte	1

Kinderfreundlichkeit	
Spielen	Klettern
☺	☺
☹	☹
☹ x	☹ x

Beste Jahreszeit:		Sonnenschein	
Frühling	x	Nie	
Sommer	x	vormittags	
Herbst	x	nachmittags	x
Winter	x	ganzen Tag	

Zugang

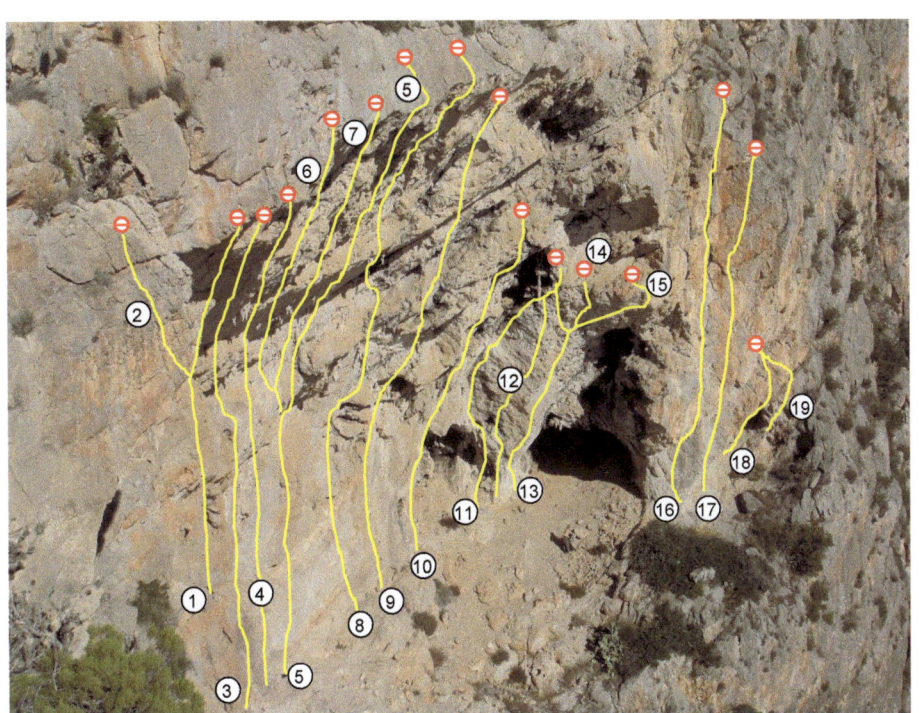

Name	Level
Zustieg Anfiteatro o.S.	3b
1 - Pajaros	6c
2 - Variante	6b+
3 - Hamlet	7a
4 - El nombre de la rosa	7b
5 - Ciudad de dios	8a
6 - Gato negro, gato blanco	7c+
7 - Baraka	7c+/8a
8 - Doce monos	7c+
9 - Projekt	?
10 - Amores perros	7b

Name	Level
11 - La oreja de Rainer	7a+
12 - Lluvia de lagrimas	8a
13 - El club de la lucha	8a
14 - Mision imposible	?
15 - Alien	8a+
16 - Tocando el vacio	6c+
17 - Full metal jacket	7a
18 - El entec 2 Bolds	6b+
19 - Blade runner 2 Bolds	?

Sektor Es Vedra

Zugang: Gleicher Zugang wie zum Sektor Anfiteatro. Unterhalb des Torre Savinar ist ein großer Platz, welcher zum beobachten von Sonnenuntergänge sehr beliebt ist. An seiner linken Seite führt ein Pfad Richtung Meer. Nach ca 50 Meter befinden sich rechts die Routen.
Allgemein: Zwischen 2006—2012 sind die Routen von Alejandro Pellegrino erschlossen worden

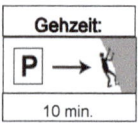

Gehzeit:		
P → 🧗		
10 min.		

Kinderfreundlichkeit			
Spielen		Klettern	
🙂		🙂	x
😐	x	😐	
🙁		🙁	

Beste Jahreszeit:		Sonnenschein	
Frühling	x	Nie	
Sommer	x	vormittags	
Herbst	x	nachmittags	x
Winter	x	ganzen Tag	

Routen total	14
3a - 6a+	5
6b - 7a+	6
7b - 7c+	3
8a - 8b	
8b+ - 9a	
Projekte	

112

Name	Bolts	Level	Meter
1- Oso ongui	?	6b	20m
2 - Summer time	?	7a+	20m
3 - Persevera y llegaras	?	7c	20m
4 - Hunabku	?	7a+	20m
5 - Nirvanas Line	?	7b	22m
6 - New age	?	6c	15m
7 - Flower Power	?	5c	16m
8 - Billy Boud	?	5c	16m
9 - Escuela de verano	?	4c	25m
9a - curso de energias	?	7a+	15m
9b - recuperacion demente	?	7a+	15m
10 - Stone Cradle 3 SL	?	5+	65m
11 - Las Mimadas 3 SL	?	5+	65m
12 - Projekt		?	
13 - Lo bueno se hace esperar	?	7b	25m

Andrea, Gerhard und Gisi
auf Ses Torretes

Santa Eulalia / Sektor Siesta 38°58´09.71"N 1°31´56.28"E

Zufahrt: Von Ibiza Stadt nach Santa Eulalia. Beim ersten Kreisverkehr rechts in die Urbanisation Siesta. Die breite Straße in der Urbanisation „Siesta" bis zu ihrem Ende hinauf fahren. Dort links und 300 m weiter, bis die Straße steil bergab führt. Hier rechts in den Feldweg einbiegen, diesem ca 500 m folgen bis zum ersten weißen Haus. Auf der linken Seite in einer Kurve parken.

Zugang: Den Weg 20m weiter zu Fuß und einem Trampelpfad links Richtung Meer folgen. Am Abbruch befindet sich eine Abseilstelle. Dort zum Wandfuß abseilen. Die Routen sind max 15 m hoch. Um wieder nach oben zu kommen, geht man am Wandfuß rechts über Felsblöcke etwa 100 m in Richtung Santa Eularia zu einer Leiter, die jedoch sehr wackelig ist. Oder 30m nach links zu einer Aufstiegsmöglichkeit im 3/4 Grad.

Allgemein: Die alten rostigen Haken wurden durch Inox Klebehaken ersetzt.
2016 sind 4 Routen von Sven und Rainer dazu gekommen.

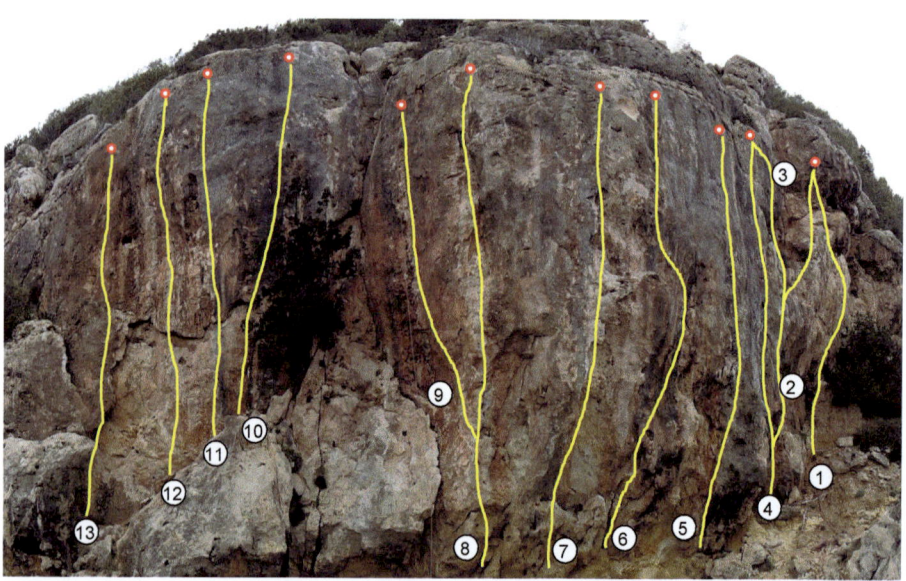

Gehzeit:
P → 🚶
10 min.

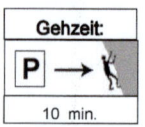 x  x  x  ☐

Kinderfreundlichkeit	
Spielen	Klettern
🙂	🙂
😐	😐
🙁 x	🙁 x

Beste Jahreszeit:		Sonnenschein	
Frühling	x	Nie	
Sommer	x	vormittags	x
Herbst	x	nachmittags	
Winter	x	ganzen Tag	

Routen total	13
3a - 6a+	6
6b - 7a+	6
7b - 7c+	1
8a - 8b	
8b+ - 9a	
Projekte	

Name	Level	Name	Level
1 - Columpio de monos	6b	8 - Ni pa Moel ni pa Marcel	7b
2 - Tres monos sabios	5b	9 - Scratch	6c
3 - Camino de mono	5b	10 - La Tempestad	7a
4 - Pinocho	5c	11 - Costa lactea	7a+
5 - Si tu puedes, yo tambien	6a	12 - Beat charling	6a+
6 - Ramon ke mamon	6b+/6c	13 - Culo rojo de mono	5c
7 - Ita Luna	6c+		

Deep sea water soloing:

Möglichkeiten sind an der Felsnadel, am Buchtausgang von Benirras.

An der rechten Seite der Bucht Cala Aubarca, unterhalb der Felsbrücke.

An der linken Buchtseite von SaPunta-Talamanca bei Ibiza Stadt.

Die Insel Margaritas.

Recht außerhalb der kleinen Bucht Cala Xucla.

Bouldern:

Bei Penal de Aguila im Sektor Faders.

Unterhalb von dem Klettergebiet „Sol/Sombra arriba".

Am Punta Xarraco, (direkt am Wasser)

Auf der rechten Seite von Cala Aubarca, unterhalb der „Cueva de Pez" westlich der Ruine

Infos auch unter:

www.climbibiza.wikidot.com

Robby und Gisi in Cala Aubarca (El Arco)

Gerhard in Sol / Sombra abajo 6b

Wichtiger Hinweis:

Unser Anliegen ist es, mit diesem Führer dem Kletterer zuverlässige und akkurate Informationen zu geben. Wir möchten aber darauf hinweisen, dass Klettern eine extrem gefährliche Sportart ist und das Wetter sowie die Natur unsicher und unvorhersehbar sein können. In keinem Fall übernehmen daher weder der Autor noch irgendeine andere Partei, die an der Herstellung des Kletterführers wie auch am Einbohren alter und neuer Routen, die in diesem Führer beschrieben sind, Haftung für direkte oder indirekte Verletzungen, Schaden oder gar Tod, aus welchen Gründen auch immer, die durch den Gebrauch des Kletterführers oder des Materials in den Routen entstehen sollten. Leser müssen eigenverantwortlich entscheiden, ob sie die Angaben im Führer und das Material in den Routen verwenden wollen und sollten daher nur klettern, wenn sie eine professionelle Ausbildung erhalten haben, CE zertifizierte Kletterausrüstung in gutem Zustand verwenden und einen Helm tragen.

Bibliografische Information der Deutschen Nationalbibliothek: Die Deutsche Nationalbibliothek verzeichnet diese Publikation in der Deutschen Nationalbibliografie; detaillierte bibliografische Daten sind im Internet über dnb.dnb.de abrufbar.

Text: Rainer Klingner
Fotos: Rainer Klingner, Jozua Jansen
Zeichnungen: Rainer Klingner
Umschlag Design: Sven Sommer
Herstellung & Verlag: Books on Demand, Norderstedt

© Rainer Klingner, 2016
Kein Teil dieses Buches darf ohne schriftliche Einwilligung in irgendeiner Form (Fotokopie, Mikrofilm oder ein anderes Verfahren) reproduziert oder unter Verwendung elektronischer Systeme verarbeitet, vervielfältigt oder verbreitet werden.

ISBN: 9783741290985

Sie haben es sich verdient

Wir vermitteln Ihnen Ihr Apartment, mit super Klettermöglichkeiten in unmittelbarer Nähe . Inmitten von Pinienwäldern , wo die Ruhe, die fantastische Aussicht und weitere Sportmöglichkeiten Ihnen die wohlverdiente Erholung schenkt.

http://www.ibiza-apartment.de